여름 실로 뜨는
네트 백

코튼과 리넨 실로 만드는
코바늘 손뜨개 작품 33

NET BAG

세이분도신코사 지음
혜원 옮김

이아소

CONTENTS

17
대나무 핸들
코튼 백 P.22
HOW TO MAKE → P.69

18
투명 핸들
그래니 백 P.23
HOW TO MAKE → P.70

19
모티브 달린 미니 토트백 P.24
HOW TO MAKE → P.72

20
HOW TO MAKE → P.72

21
가죽 핸들 백 P.26
HOW TO MAKE → P.73

22
캔버스 안감 있는 백 P.28
HOW TO MAKE → P.74

23
버킷형
피시네트 백 P.30
HOW TO MAKE → P.76

24
버킷형
원 핸들 백 P.32
HOW TO MAKE → P.78

25
버킷형 주머니 백 P.33
HOW TO MAKE → P.79

26
사각 바닥 백 P.34
HOW TO MAKE → P.80

27
칠보뜨기 미니 백 P.36
HOW TO MAKE → P.82

28
다이아
무늬 버킷형 백 P.38
HOW TO MAKE → P.84

29
2색 실로 뜬 백 P.40
HOW TO MAKE → P.81

30
비즈 달린 보자기 가방 P.41
HOW TO MAKE → P.86

31
바구니 백 P.42
HOW TO MAKE → P.88

32
미니 쇼핑백 P.44
HOW TO MAKE → P.90

33
배낭형 숄더백 P.46
HOW TO MAKE → P.91

NET BAG LESSON
①② &
HOW TO MAKE
P.50

뜨개코 기호
P.94

네트 백의 특성상 신축성이 좋기 때문에 P.50 이후에 기재된 작품 사이즈는 대략의 기준으로 참고해주세요.
[만드는 방법]에서 별도로 지정한 것 외에는 실 1가닥으로 뜹니다.

'네트 백'은 그물 무늬의 뜨개가 특징인 가방.

소지품을 넣으면 무늬가 달라지고 뜨개코 사이로 내용물이 살짝 보이는 것이 매력이다.

캐주얼하고 가볍게 들기 딱 좋아 특히 여름 코디에 인기 만점이다.

책에서는 활용도 높은 기본 그래니 타입을 비롯해

쓱쓱 떠나가는 주머니 가방, 숄더백, 토트백 등 33가지 타입의 만드는 방법을 소개한다.

손뜨개 네트 백을 들고 상쾌한 기분으로 외출!

소재를 달리한 마르셰 백

코튼, 종이, 플라스틱 코드 실
로 뜬 넉넉한 크기의 그래니
스타일 백이다.
소재별로 모양, 촉감, 사용감
의 차이를 각각 즐겨보자.

HOW TO MAKE P.50
DESIGN／Inko Kotoriyama

02
paper

01
cotton

03
plastic

no.04-06

묶어 만든 수납 백

바닥부터 일정하게 묶어가며
만든다. 채소나 장난감, 털실
등을 보관하기 좋을 뿐 아니
라, 콤팩트하게 수납이 가능
해 휴대용 에코 백으로도 대
단히 만족스럽다.

HOW TO MAKE P.56
DESIGN／Mie Takechi

06

04

05

07

08

no.07-08

프릴 주머니 백

끈 길이에 따라 활용도가 높
아지는 미니 백. 가방 속 내용
물이 잘 보이지 않는 촘촘한
뜨개코와 끈을 조였을 때 깜
찍한 프릴이 만들어지는 디자
인이 포인트다.

HOW TO MAKE **P.60**
DESIGN／Rikoribbon

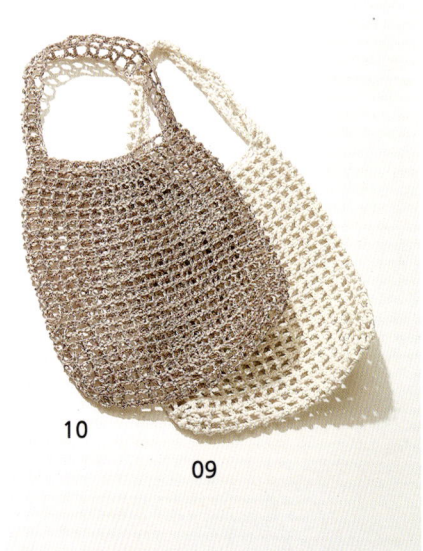

10

09

no.09-10

원 핸들 숄더백

바닥에서 손잡이까지 쭉 연결해서 뜬다. 손잡이가 늘어나지 않아 지갑이나 화장품 파우치 등 무거운 소품을 넣어도 모양이 그대로 유지된다.

`HOW TO MAKE` **P.61**
DESIGN／Rikoribbon

no.11

리버서블 백

두 가지 컬러의 플라스틱 코
드 실을 사용해 리버서블 타
입으로 연출했다. 겉과 속이
다른 컬러인 데다, 이중 구조
라 강도가 높아 특히 인기가
좋다.

HOW TO MAKE P.62
DESIGN／Rikoribbon

no.12

원 핸들 개더 백

가방 본체와 손잡이가 연결되어 늘어나지 않는 원 핸들 타입. 옆판은 없지만 주름이 잡혀 있어 보기보다 수납이 많이 된다.

HOW TO MAKE **P.64**
DESIGN／Rikoribbon

no. 13-14

이중 플라스틱 백

개성 있는 플라스틱 실 사용.
뜨개코가 크지만 이중 격자
로 짜 안심할 수 있다. 내용
물이 보이지 않는 것을 원하
면 안주머니를 넣고, 캐주얼
하게 들고 싶다면 그대로 사
용한다.

HOW TO MAKE P.66
DESIGN／Rikoribbon

13

14

no.15-16

사각 포셰트

휴대전화와 작은 파우치 등
을 담기에 적당한 크기. 가
까운 곳 외출할 때 좋고, 짐
이 많을 때 보조 백으로도
편리하다.

HOW TO MAKE P.68
DESIGN／blanco

16   15

no. 17

대나무 핸들 코튼 백

어떤 패션에도 잘 어울리는
자연색 실과 대나무 핸들의
최강 조합. 뜨개코는 no.11 작
품과 같은 촘촘한 네트이다.

HOW TO MAKE P.69
DESIGN／Rikoribbon

no.18

투명 핸들 그래니 백

투명 손잡이처럼 동그란 모
양에 깜찍한 컬러 조합이 매
력인 그래니 백.
심플한 패션에 발랄한 악센
트가 되어준다.

HOW TO MAKE **P.70**
DESIGN／Miya

19

20

no.19-20

모티브 달린 미니 토트백

동그란 모티브의 디자인이
눈길을 사로잡는 가방. 크기
는 작지만 지갑, 휴대전화, 파
우치, 손수건 등 외출 필수품
이 모두 담긴다.

HOW TO MAKE **P.72**
DESIGN／Yuki Takagiwa

no.21

가죽 핸들 백

심플하면서도 세련된 디자인.
뒤집힌 Y자 모양의 뜨개가 신
선하다. 가죽 소재 손잡이가
포인트가 되어, 어떤 패션에
도 잘 어울린다.

HOW TO MAKE P.73
DESIGN／Rikoribbon

no.22

캔버스 안감 있는 백

튼튼한 캔버스 안주머니와 가죽 손잡이 커버가 포인트. 러프하게 사용하고 싶을 때는 안감을 빼고 내부가 보이는 경쾌한 느낌으로 즐겨보자.

HOW TO MAKE P.74
DESIGN／Yuki Takagiwa

no.23

버킷형 피시네트 백

플라스틱 코드 실로 성기게
뜬 숄더백.
수영복이나 목욕 타월은 물
론이고, 수박이나 공과 같은
둥근 물건도 쏙 들어간다.

HOW TO MAKE P.76
DESIGN／Inko Kotoriyama

no.24

버킷형 원 핸들 백

가방 윗부분에 끈이 있다. 열린 스타일로도, 주머니처럼 조인 스타일로도 사용할 수 있다. 플라스틱 실 특유의 투명감 있는 컬러가 매력이다.

HOW TO MAKE P.78
DESIGN／Mie Takechi

no.25

버킷형 주머니 백

단색의 플라스틱 코드 실을 사
용해 한길긴뜨기로 쭉 떠나가
는 심플한 디자인. 끈은 편물에
꿰기만 하면 되므로 길이나 위
치를 취향에 맞게 조절한다.

HOW TO MAKE **P.79**
DESIGN／Mie Takechi

no.26

사각 바닥 백

바닥은 사각인데, 손에 들면 둥그스름해지는 유니크한 디 자인이 포인트. 가는 손잡이 와의 균형도 절묘하다.

HOW TO MAKE P.80
DESIGN／Rikoribbon

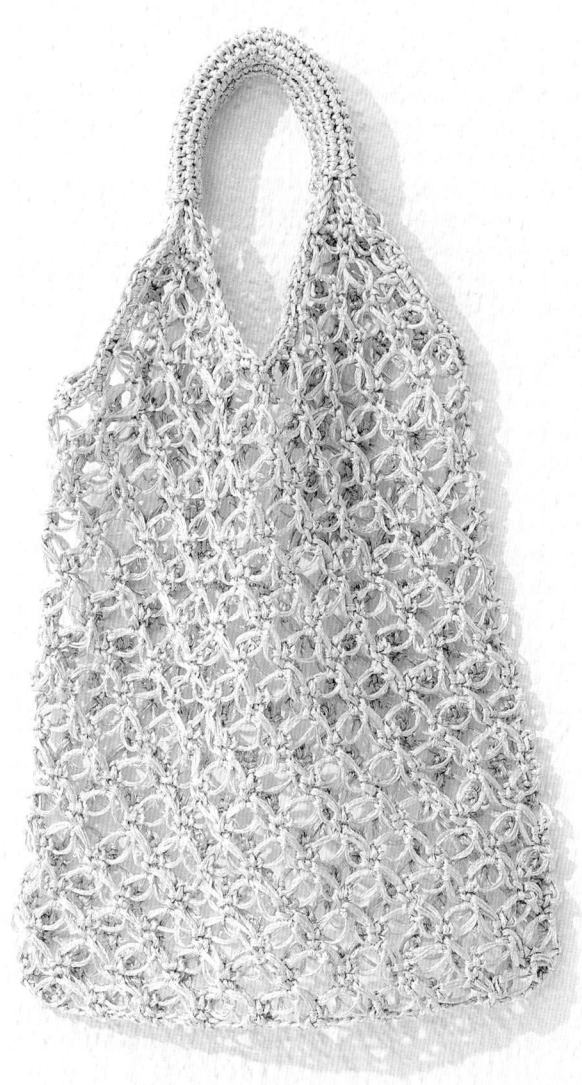

no.27

칠보뜨기 미니 백

부드러운 실로 칠보뜨기를 한
개성 만점의 작품. 은빛 화려
한 광택이 여름 코디에 딱 어
울린다.

HOW TO MAKE **P.82**
DESIGN／Miya

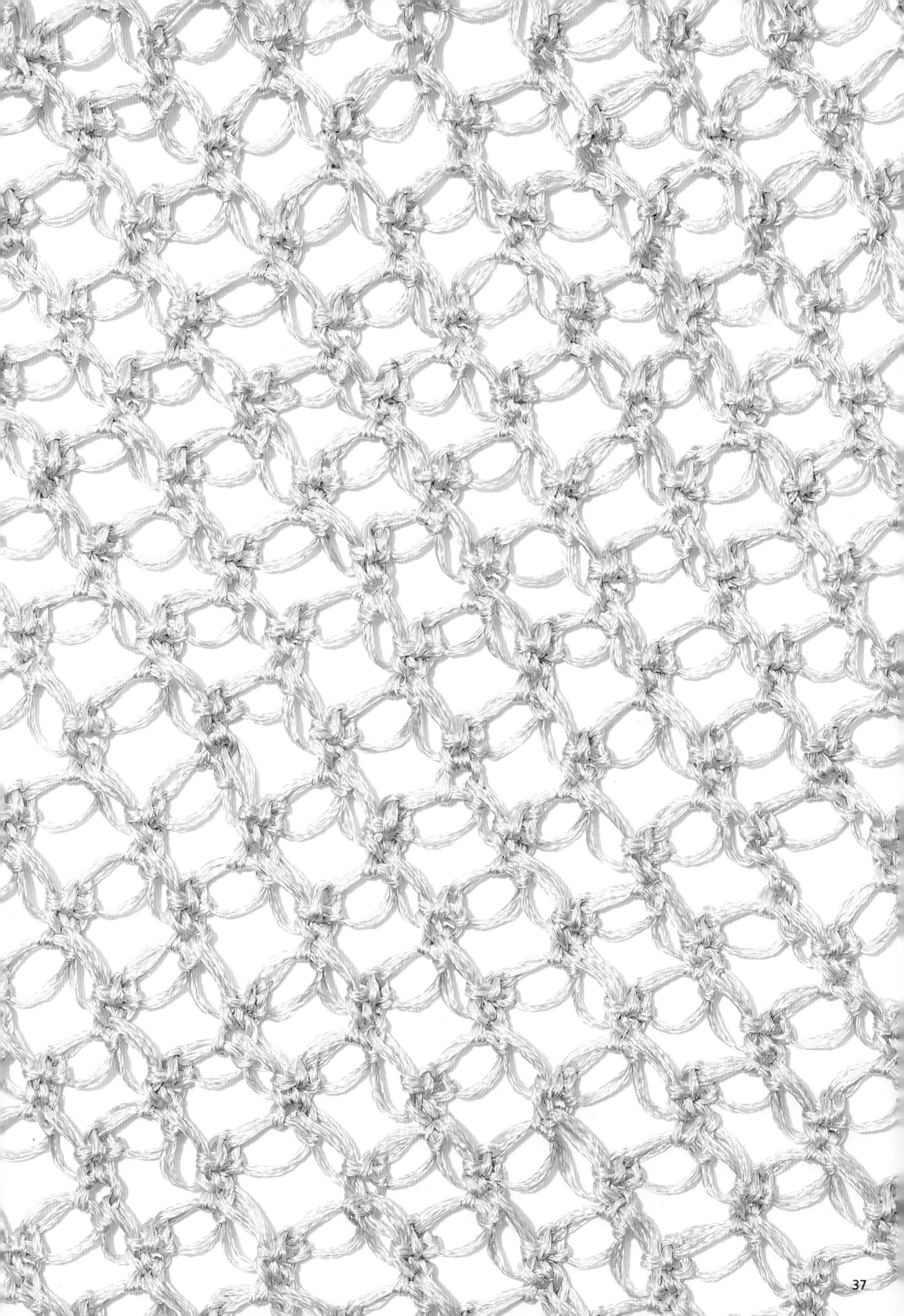

no.28

다이아 무늬 버킷형 백

수납용으로 사용하기 좋은,
큼지막한 뜨개코 스타일. 화
분 커버 등으로 활용할 만한
바구니를 넣으면 느낌이 다
른 버킷형 백으로 변신.

HOW TO MAKE P.84
DESIGN／Inko Kotoriyama

38

no.29

2색 실로 뜬 백

흰색과 베이지 두 가닥으로 조화롭게 오리지널 색감을 표현했다. 뜨개코가 크기 때문에 작은 물건을 넣을 때는 안주머니를 사용한다.

HOW TO MAKE P.81
DESIGN／blanco

no.30

비즈 달린 보자기 가방

우드 비즈가 달려 취향이 드
러나는 가방. 손잡이의 매듭을
조절해 길게 하면 캐주얼한
숄더백으로도 연출할 수 있다.

HOW TO MAKE **P.86**
DESIGN／Yuki Takagiwa

no.31

바구니 백

바닥부터 둥글게 손잡이까지
쭉 떠나가는 버킷 모양 백.
크기가 맞는 바구니를 넣으
면 화분 커버로도 사용할 수
있다.

HOW TO MAKE P.88
DESIGN／Yuki Takagiwa

no.32

미니 쇼핑백

견고한 사각형으로, 비닐봉지를 연상케 하는 모양이다. 차분한 인디고 컬러라 다양한 스타일에 두루 잘 어울린다.

HOW TO MAKE P.90
DESIGN／Yuki Takagiwa

no.33

배낭형 숄더백

보기보다 물건이 많이 들어가
고, 형태 변형도 없어서 사용
감이 탁월하다. 로프 느낌의
끈이 어깨에 안정적으로 밀착
해서 편하고 무게도 적당하다.

HOW TO MAKE P.91
DESIGN／Inko Kotoriyama

no.01-03 소재를 달리한 마르셰 백 → P.6

01

02

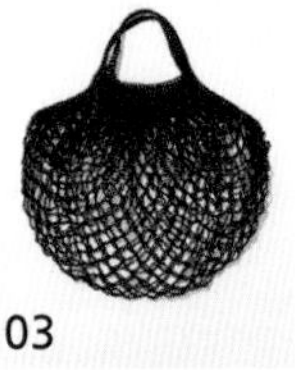

03

[실] 01 : DARUMA Knitting Cotton 블랙(9) 125g
02 : DARUMA SASAWASHI 블랙(8) 125g
03 : DARUMA Placord 4ply 블랙(106) 100g
[바늘] 코바늘 7/0호, 돗바늘
[게이지] 01, 03 : 무늬뜨기 16무늬 5단 = 10cm
02 : 무늬뜨기 14무늬 4.5단 = 10cm
[완성 사이즈] 그림 참조

[본체]

[만드는 방법]
① 정면 쪽 입구를 뜬다. 사슬뜨기로 22코 시작코를 만들고, 짧은뜨기를 6단 뜬다.
② 본체를 뜬다. 계속해서 짧은뜨기와 사슬뜨기 7코로 그물뜨기를 43단까지 뜬다.
③ 뒤쪽 입구를 뜬다. 계속해서 짧은뜨기로 49단까지 뜬다.
④ 가장자리와 손잡이를 뜬다. 49단 끝에서 이어서 도안대로 4단 뜬다.

뜨기 끝내기
(사슬 잇기)
49단 끝에서 이어서
가장자리뜨기
손잡이 사슬뜨기 40코

손잡이
01:1.5cm
02:2cm=3단
03:1.5cm

01:2.5cm
02:3cm=6단
03:2.5cm

뜨기 시작(사슬뜨기 22코)   손잡이 사슬뜨기 40코

52코

뒤쪽 입구
(짧은뜨기)

38코

본체
(무늬뜨기)

가장자리
01:2cm
02:2.5cm=4단
03:2cm

01:75cm
02:85cm=37단
03:75cm

38코

정면 쪽 입구
(짧은뜨기)

52코

01:2.5cm
02:3cm=6단
03:2.5cm

손잡이
01:32cm
02:34cm
03:32cm

손잡이
01:32cm
02:34cm
03:32cm

01:80cm
02:85cm
03:76cm

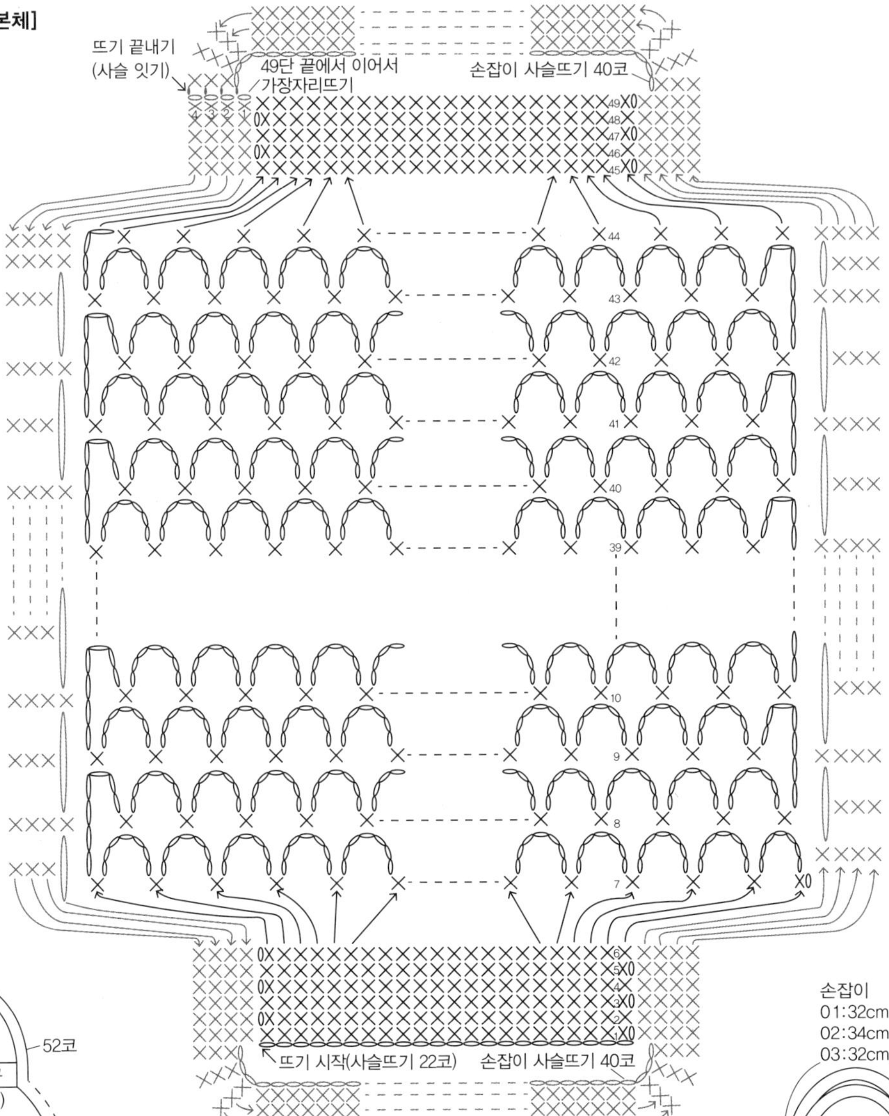

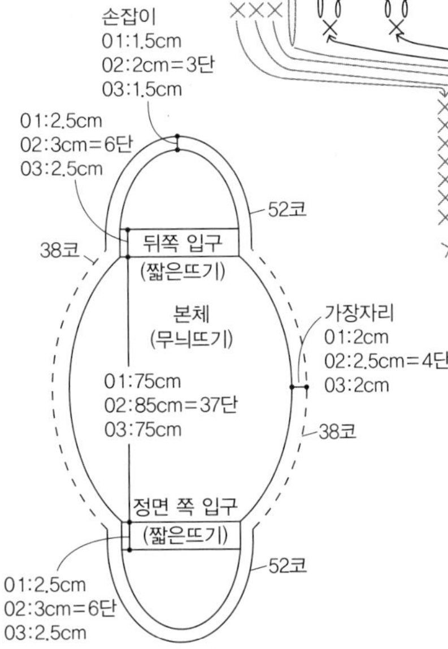

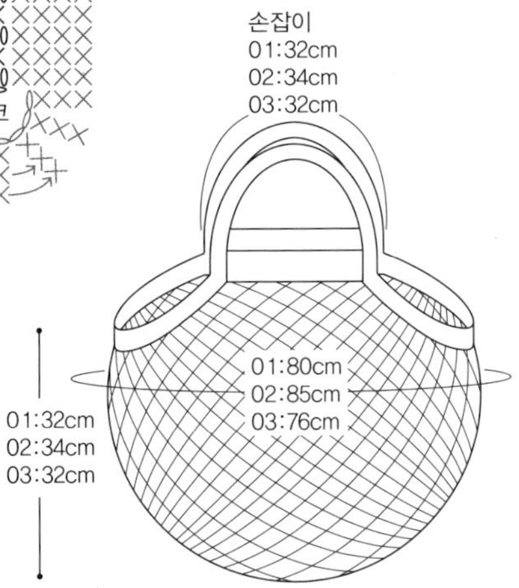

➡ **시작코~6단**

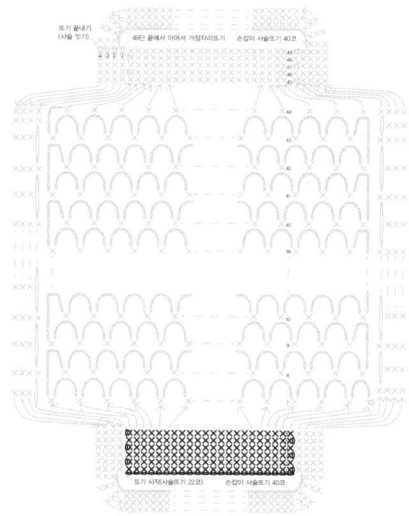

※작품 no.01 코튼 실을 사용

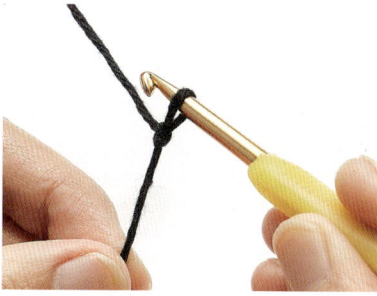

01 시작코를 만든다.

02 사슬뜨기를 22코 뜨고, 기둥코 사슬뜨기를 1코 뜬다.

03 22코에 짧은뜨기를 1코 뜬다.

04 계속 끝까지 짧은뜨기를 뜬다. 1단을 뜬 모습.

05 왕복으로 6단까지 뜬다.

➡ **7~43단**

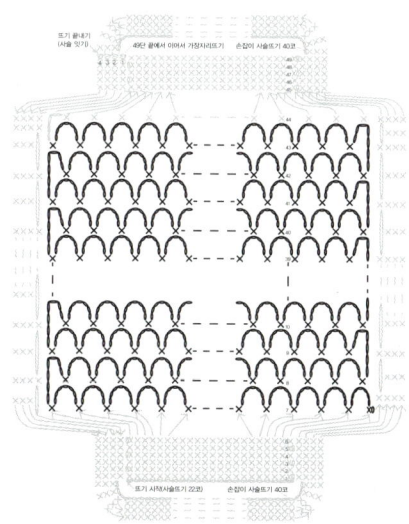

06 기둥코 사슬뜨기 1코와 짧은뜨기 1코를 뜬다.

07 이어서 사슬뜨기를 7코 뜬다.

08 아래 단의 다음 코에 짧은뜨기를 1코 뜬다.

09 07, 08을 반복한다. 7단까지 뜬 모습.

10 뒤집어서 사슬뜨기를 7코 뜬다.

사슬뜨기
7코 다발

11 아래 단 사슬뜨기 7코 다발에 바늘을 넣는다.

12 실을 걸고 화살표 방향으로 끌어낸다.

13 다시 실을 걸고, 화살표 방향으로 끌어낸다.

14 다발을 주워 짧은뜨기 1코를 뜬 모습.

15 사슬뜨기를 7코 뜨고 다음 다발을 주워 짧은뜨기를 1코 뜬다.

16 15를 반복해서 왕복으로 떠나간다. 9단까지 뜬 모습.

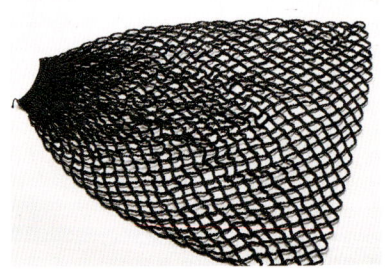

17 같은 방법으로 반복해서 43단까지 뜬다.

➡ 44~49단

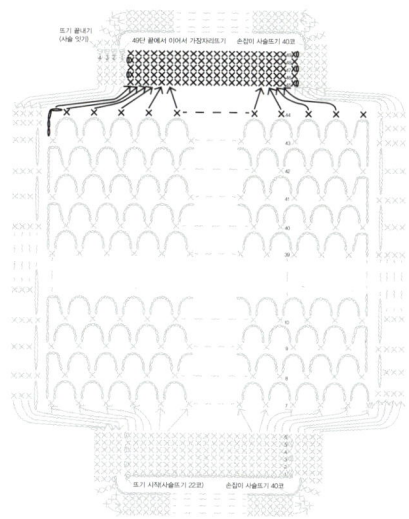

18 사슬뜨기를 4코 뜬다.

19 아래 단의 사슬뜨기 7코 다발을 주워, 짧은뜨기를 1코 뜬다.

20 옆 다발을 차례로 주워 짧은뜨기를 1코씩 뜬다.

21 20을 반복해서 44단을 뜬 모습.

22 왕복으로 짧은뜨기를 49단까지 뜬다.

➡ 가장자리와 손잡이를 뜬다

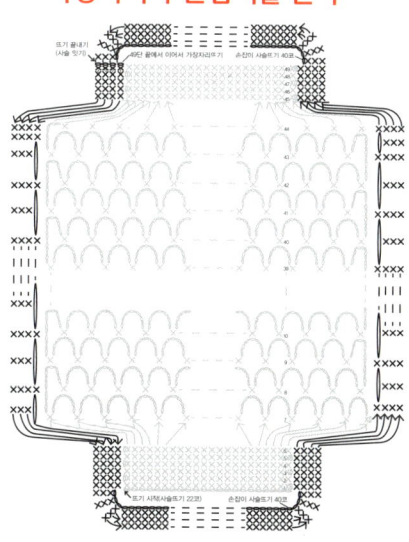

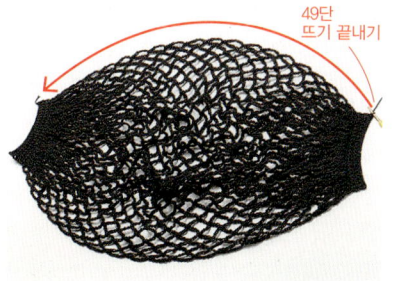

49단
뜨기 끝내기

23 49단까지 뜬 모습. 가장자리는 계속해서 화살표 방향으로 떠나간다.

24 편물을 오른쪽으로 90도 돌려서 기둥코 사슬뜨기를 1코 뜨고, 49단의 옆면에 짧은뜨기를 1코 뜬다.

25 계속해서 48~45단의 옆면에 짧은뜨기를 4코 뜬다.

26 44단의 옆면 다발에 짧은뜨기 2코를 뜬다.

27 사슬뜨기를 1코 뜬다.

28 옆 다발을 주워 짧은뜨기를 1코 뜬다.

29 27, 28을 반복한다. 8단 옆면 다발을 주운 다음 사슬뜨기를 1코 뜨고, 6~1단 옆면에 짧은뜨기를 6코 뜬다.

30 손잡이의 시작코 사슬뜨기를 40코 뜬다.

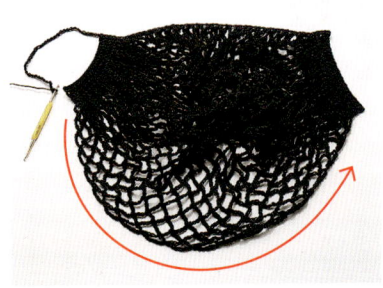

31 반대쪽도 도안대로 화살표 방향으로 떠나간다.

32 편물을 오른쪽으로 180도 돌려서 1~6단의 짧은뜨기 옆면에 짧은뜨기를 6코 뜬다.

33 이어서 7단 다발에 짧은뜨기를 1코 뜬다.

34 사슬뜨기를 1코 뜬다.

35 옆 다발을 주워 짧은뜨기를 1코 뜬다.

36 34, 35를 반복한다. 44단의 옆면까지 뜨고 나서 45~49단 옆면에 짧은뜨기를 5코 뜬다.

37 반대쪽 손잡이의 시작코 사슬뜨기를 40코 뜨고, 첫 짧은뜨기 코 머리에 빼 뜨기를 하면 가장자리뜨기 1단 완성.

38 2단은 도안대로 짧은뜨기를 뜬다.

39 손잡이 부분은 사슬뜨기 위 반코를 걸어 짧은뜨기를 뜬다.

40 39를 반복해 짧은뜨기를 뜬다.

41 반대쪽 손잡이도 같은 방법으로 떠나 가다 첫코에 빼뜨기 해서 2단 완성.

42 3, 4단은 아래 단의 짧은뜨기 머리에 1코씩 짧은뜨기를 뜬다. 4단의 마지 막 짧은뜨기를 한 모습.

➡ **사슬 잇기**

43 실 끝을 15cm 정도 남기고 자른다. 남은 실을 돗바늘에 꿰어, 첫 짧은뜨 기 코 머리에 넣고 화살표 방향으로 빼낸다.

44 4단 마지막 짧은뜨기 머리 위 반코에 바늘을 넣는다.

45 실을 잡아 당겨 편물 안쪽으로 빼내, 실 마감 처리를 해서 완성.

no.04-06 묶어 만든 수납 백 ➡ P.8

04

05

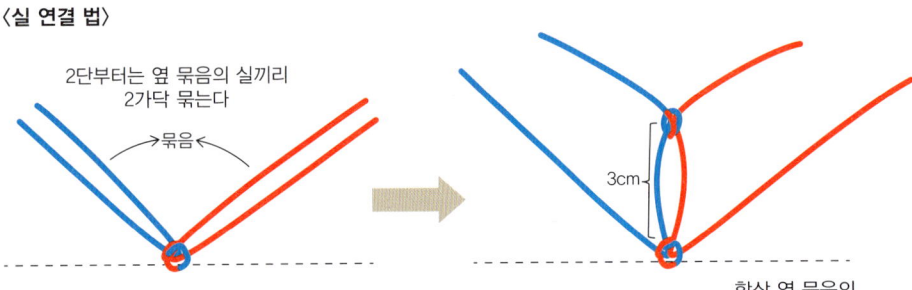

06

[실] DARUMA Knitting Cotton 04:베이지(2),
　　05:스모크 블루(6), 06:레드(5) 각 20g
[바늘] 코바늘 7/0호, 돗바늘
[그 외] 줄자
[완성 사이즈] 그림 참조

[만드는 방법]
① 본체를 만든다. 220cm로 자른 실을 16가닥 준비한다.
　 모두 반으로 접어 A실(16가닥 중 1가닥)에 남은 B실 15
　 가닥을 걸어 연결한 뒤 A실을 꽉 졸라맨다. 1단은 같은
　 묶음의 실 2가닥을 3cm 길이로 묶는다. 16번 반복해 1

단 완성. 2단부터는 옆 묶음의 실로 매듭짓는다. 16단
까지 3cm 길이로 묶는다.
② 17단은 5cm의 길이로 4가닥을 묶고, 18단은 5cm 길이
로 8가닥을 묶는다. 19단은 16가닥을 18단의 매듭에서
12cm 지점에 묶는다. 19단 매듭의 각 4cm 지점에서 나
머지 실을 자른다.
③ 80cm 정도의 다른 실을 준비해서 남은 실을 감싸듯이
둘둘 감는다.
④ 손잡이를 만든다. 코바늘로 ③의 부분을 감싸듯 감아 뜬
다. 반대쪽 손잡이도 똑같이 감아 뜬다.

〈실 연결 법〉

2단부터는 옆 묶음의 실끼리
2가닥 묶는다

←묶음←

3cm

항상 옆 묶음의
실을 잡아 매듭짓는다

〈실 묶는 법(막매듭)〉

원을 만들고 실 끝을 빼낸다
※한 번 더 묶으면 매듭이 단단해진다

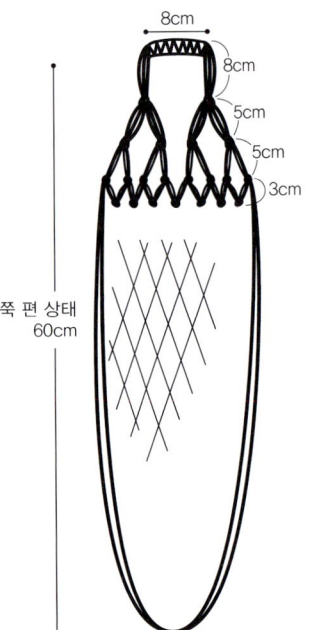

8cm
8cm
5cm
5cm
3cm

쭉 편 상태
60cm

56

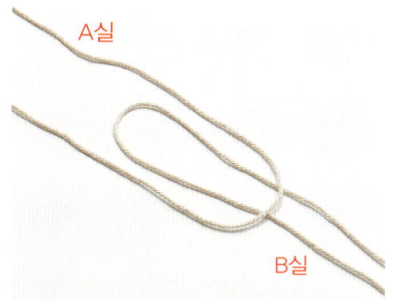

A실

B실

01 220cm로 자른 실을 16가닥 준비한다. 그중 2가닥(A실과 B실)을 반으로 접어, B실이 A실 아래에 오도록 원 부분을 포개놓는다.

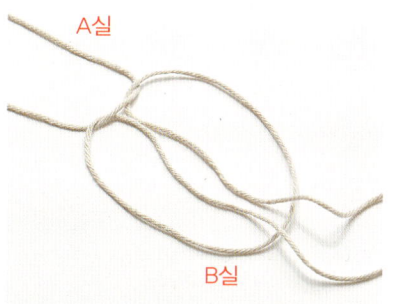

A실

B실

02 B실의 원을 앞으로 접고, B실의 실 끝 2가닥을 원 안으로 통과시킨다.

A실

B실

03 B실의 실 끝을 당겨 A실 중심에 묶는다.

04 03의 A실 중심축 좌우에 나머지 14가닥의 B실도 같은 요령으로 묶는다.

05 A실을 2번 막매듭을 해 단단히 고정한다.

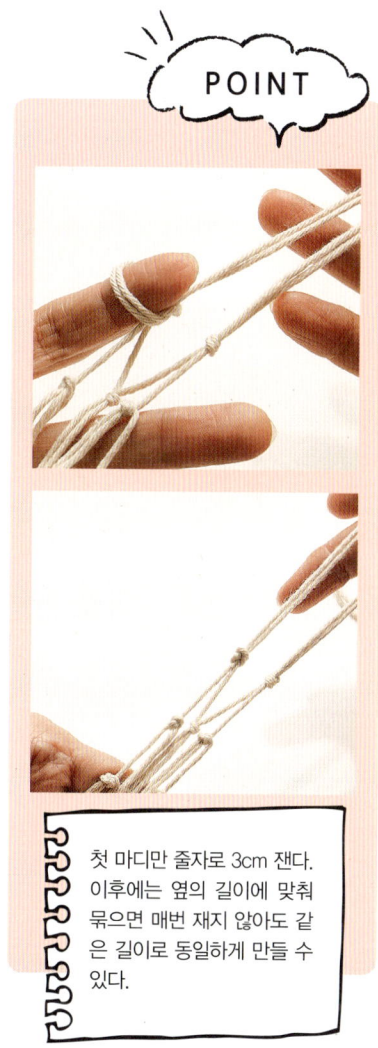

POINT

첫 마디만 줄자로 3cm 잰다. 이후에는 옆의 길이에 맞춰 묶으면 매번 재지 않아도 같은 길이로 동일하게 만들 수 있다.

3cm

06 1단은 같은 묶음의 2가닥을 잡아 가볍게 막매듭을 하고, 중심에서 3cm 지점에서 단단히 실을 당긴다.

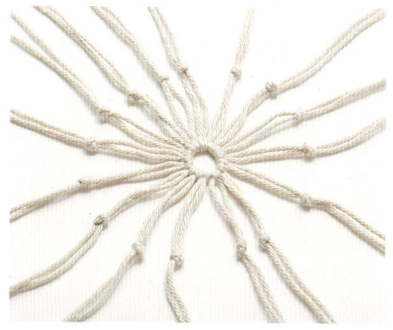

07 같은 묶음의 2가닥을 막매듭해서 16개 묶음을 만든다. 1단이 완성된 모습.

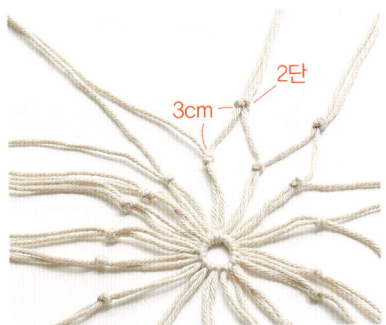

08 2단부터는 옆 묶음의 실로 2가닥을 잡아 아래 단의 매듭에서 3cm 위에 막매듭을 한다.

09 08을 반복해 16번 막매듭을 한다. 2단을 완성한 모습.

10 같은 요령으로 16단까지 3cm마다 막매듭을 한다.

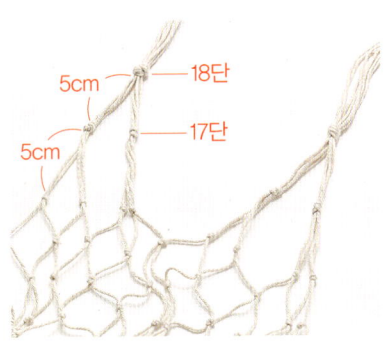

11 17단은 옆 묶음과 4가닥을 잡아 5cm 지점에서 막매듭을 한다. 18단은 옆 묶음과 8가닥 잡아 5cm 지점에서 막매듭을 한다.

12 19단은 옆 묶음과 16가닥을 잡아 18단 매듭에서 12cm 지점에 막매듭을 한다.

13 12와 같은 지점에 다시 한번 단단히 막매듭을 한다. 나머지 실을 4cm 정도 남기고 자른다.

14 다른 실을 80cm 정도 잘라 **13**의 남은 실 부분(약 8cm)에 화살표처럼 둘둘 감는다. 다 감으면 2번 매듭을 해 실을 처리한 뒤 여분의 실을 자른다. 이 부분이 손잡이가 된다.

15 코바늘을 사용해서 손잡이를 감아 뜬다. 시작코의 시작매듭을 만들어 손잡이 밑에서 앞으로 빼낸다.

16 시작코의 시작매듭을 끌어올려 바늘에 실을 걸고 화살표 방향으로 빼낸다.

17 시작코의 시작매듭에서 빼낸 모습.

18 사슬뜨기를 1코 뜬다.

19 손잡이 밑에서 실을 걸어 화살표처럼 앞으로 빼낸다.

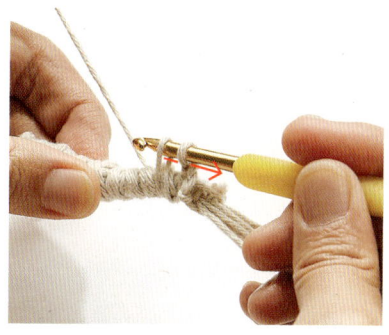

20 바늘에 걸려 있는 왼쪽 실을 화살표 방향으로 빼낸다.

21 18의 사슬뜨기에서 빼낸 모습.

22 실을 걸고, 화살표 방향으로 빼낸다.

23 빼낸 모습.

24 19~23을 반복해서 손잡이가 끝까지 감아 뜨고, 실 처리를 한다. 반대쪽 손잡이도 같은 요령으로 완성한다.

no.07-08 프릴 주머니 백 ➡ P.10

[실] 07 : HAMANAKA Paume Cotton Linen 베이지(202)
110g
08 : HAMANAKA Paume Baby Color 연보라(304)
100g
[바늘] 코바늘 5/0호, 돗바늘
[그 외] 왁스 끈 베이지(지름 2.5mm) 각 260cm
[게이지] 07 : 무늬뜨기 25코 11단 = 10cm
08 : 무늬뜨기 27코 11.5단 = 10cm
[완성 사이즈] 그림 참조

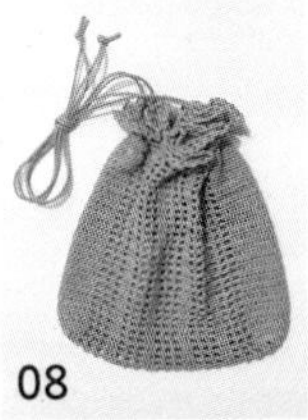

[만드는 방법]
① 본체를 뜬다. 바닥은 사슬뜨기 58코로 시작코를 뜨고,
왕복뜨기로 3단까지 뜬다. 4단은 1~3단을 빙 둘러서
뜬다. 계속해서 옆면을 36단까지 뜬다(5~33단은 왕복
뜨기로 뜬다).
② 가방끈을 단다. 지정 위치에 왁스 끈을 끼워 묶는다(가
방끈 끼우는 방법 참조).

뜨기 끝내기(사슬 잇기)

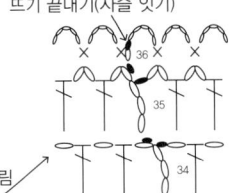

확대 그림

[본체]   ○ 끈 끼우는 구멍

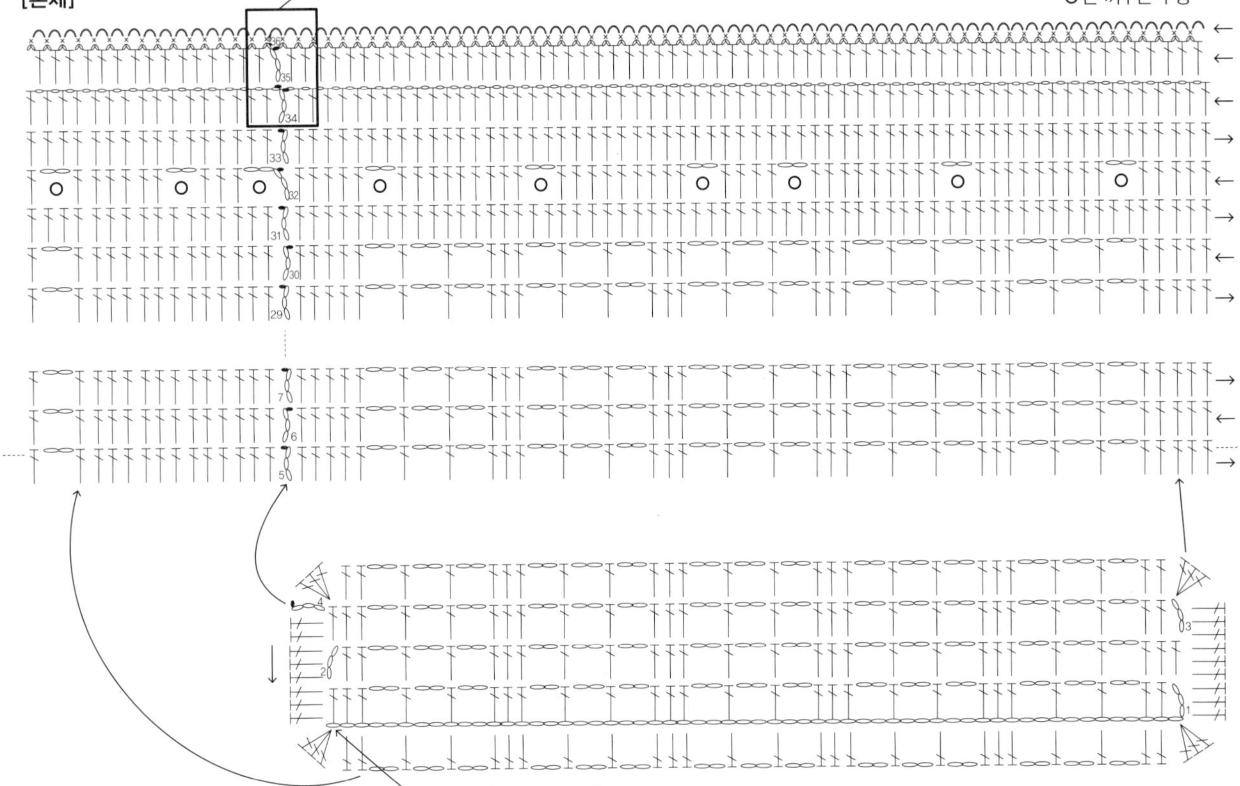

뜨기 시작(사슬뜨기 58코)

〈**가방끈 끼우는 방법**〉
왁스 끈을 반으로 자른다.
그림과 같이 끈 끼우는
구멍에 꿰어 묶는다.
남은 1줄도 뒷면에서
같은 방법으로 끼운다
(한 면씩 끈을 꿴다).

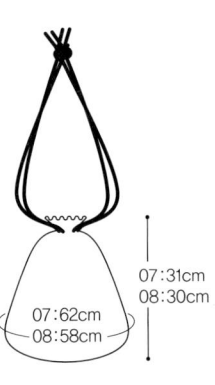

07 : 31cm
08 : 29cm

07 : 31cm
08 : 30cm

07 : 62cm
08 : 58cm

no.09-10 원 핸들 숄더백 → P.12

09

10

[실] 09 : DARUMA Linen Ramie Cotton 화이트(1) 160g
　　　10 : HAMANAKA Eco Andaria 실버(173) 65g
[바늘] 코바늘 7/0호, 돗바늘
[게이지] 09 : 무늬뜨기 18코 8.5단 = 10cm
　　　　　10 : 무늬뜨기 19코 9단 = 10cm
[완성 사이즈] 그림 참조

[만드는 방법]
실을 09는 2가닥, 10은 1가닥으로 뜬다.
① 본체를 뜬다. 바닥은 사슬뜨기 43코로 시작코를 만들고, 왕복뜨기로 3단까지 뜬다. 4단은 1~3단을 둘러서 뜬다. 계속해서 옆면을 왕복뜨기로 27단까지 뜬다.
② 손잡이를 뜬다. 옆면에서 이어서 왕복뜨기로 1~25단까지 뜨고, 뜨기 끝내기 실을 40cm 정도 남기고 자른다. 남은 실로 도안의 지정 위치에 감침질해서 붙인다.

[본체]

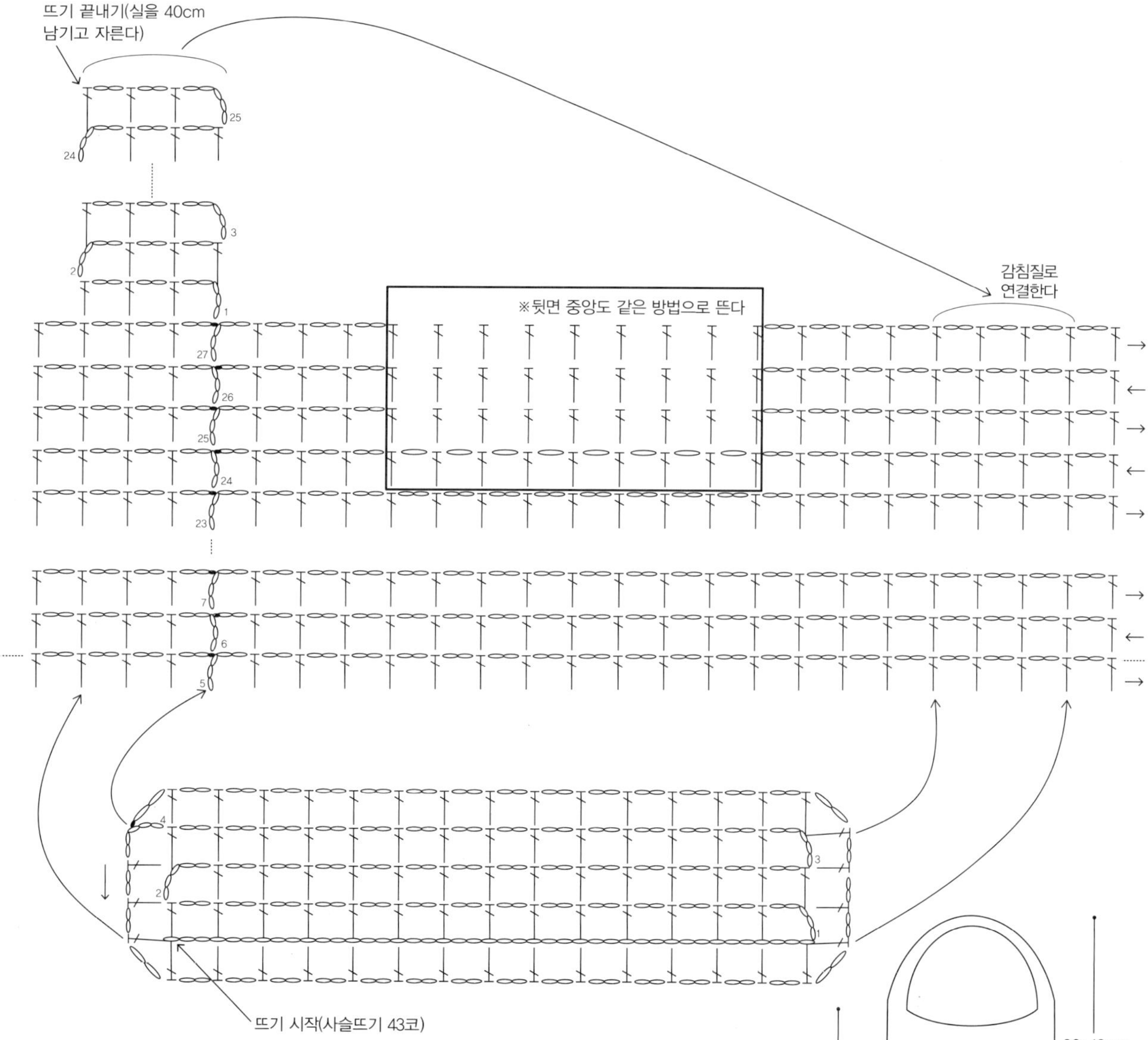

뜨기 끝내기(실을 40cm 남기고 자른다)

※뒷면 중앙도 같은 방법으로 뜬다

감침질로 연결한다

뜨기 시작(사슬뜨기 43코)

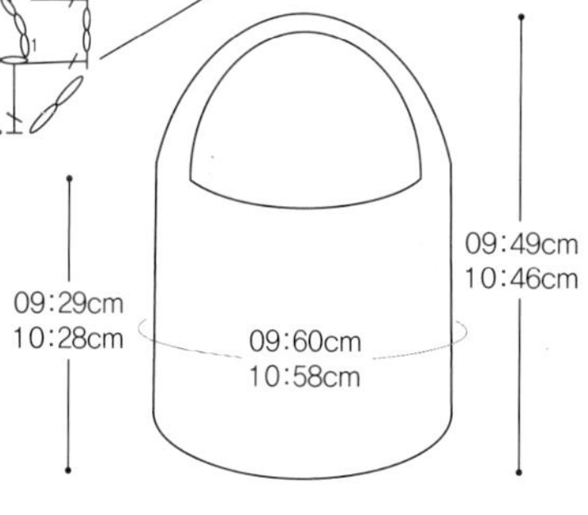

09:29cm 10:28cm
09:60cm 10:58cm
09:49cm 10:46cm

no.11 리버서블 백 → P.14

[실] DARUMA Placord 3ply
　　A : 다크 그레이(5) 70g
　　B : 레몬 옐로(2) 80g
[바늘] 코바늘 6/0호, 돗바늘
[게이지] 무늬뜨기 5.5무늬 10단 = 10cm
[완성 사이즈] 그림 참조

[만드는 방법]
①본체를 뜬다. B실로 사슬뜨기를 3코 뜨고, 첫째 코에 빼 뜨기 해 원형을 만든다. 이후는 P.63 〈만드는 방법 ① 보충〉 참조. A실로 39단까지 뜨면 A실 편물을 안으로 뒤집고, 쉬게 둔 B실로 똑같이 3단은 A실의 코를 같이 주워 뜬다. 4단 이후는 B실로만 39단까지 뜬다.
②입구와 손잡이를 뜬다. 40단은 B실로 A실의 편물을 함께 주워 뜬다(A실 뜨기 끝내기(39단) 참조). 41단 이후는 B실로만 도안대로 뜬다.
③손잡이 안쪽(도안 회색 부분)을 B실로 뜬다.

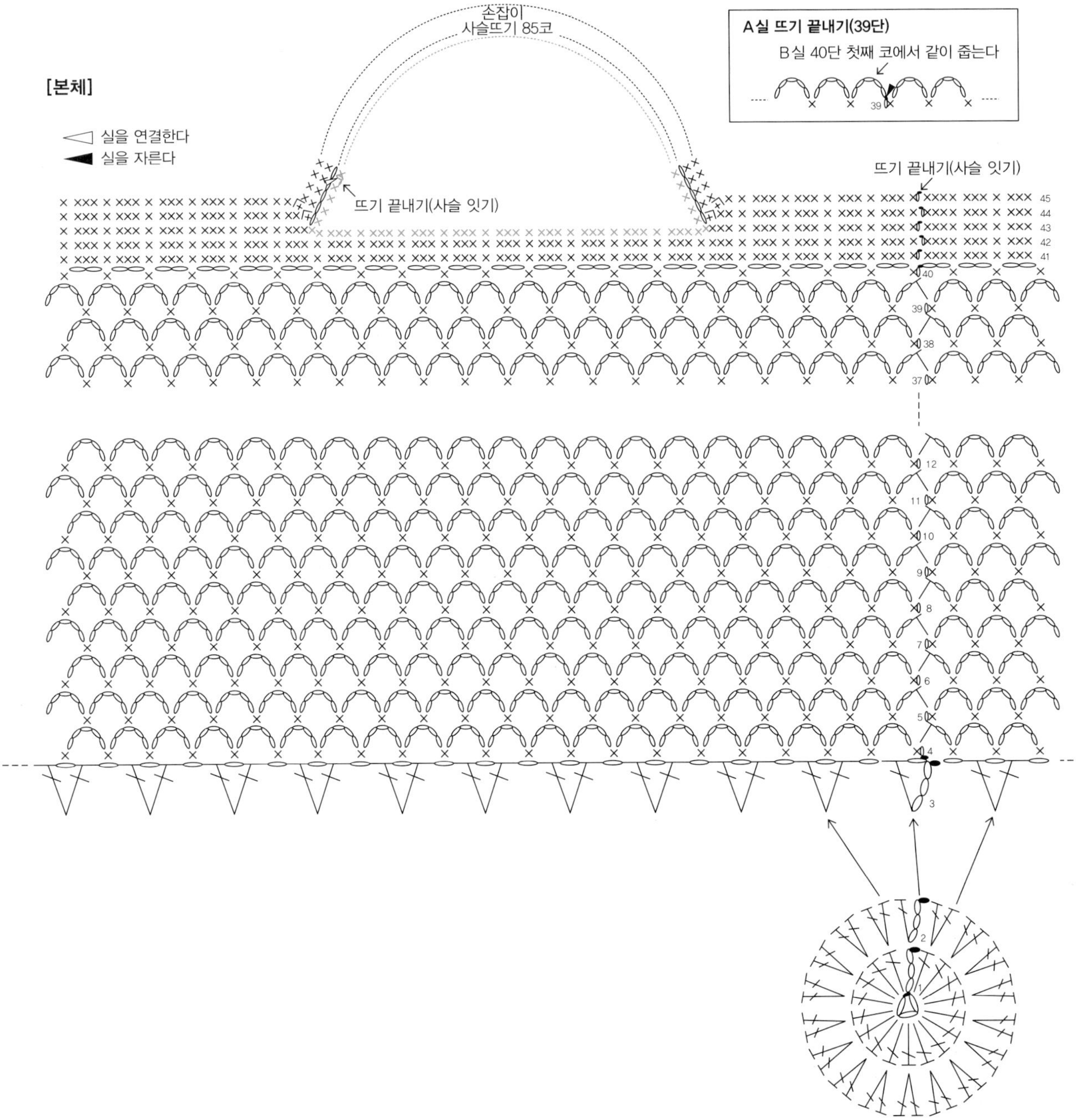

A실 뜨기 끝내기(39단)
B 실 40단 첫째 코에서 같이 줍는다

[본체]

손잡이
사슬뜨기 85코

◁— 실을 연결한다
◀— 실을 자른다

뜨기 끝내기(사슬 잇기)

뜨기 끝내기(사슬 잇기)

〈만드는 방법 ① 보충〉

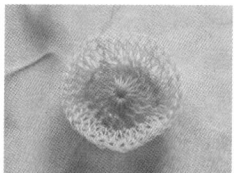

①B실로 도안대로 2단까지 뜨고 실을 쉬게 둔다.

②A실로 도안대로 2단까지 뜬다.

③①과 ② 뜨기 시작의 실 처리를 하고 겉끼리 밖으로 맞대, 기둥코를 1코분 비켜서 잡는다.

④A실로 3단 기둥코(사슬 3코)와 사슬뜨기 1코를 뜬다. 다음 한길긴뜨기 는 바로 옆 B실의 코도 같이 주워 뜬다.

⑤한길긴뜨기를 뜬 모습.

⑥④의 방법으로 B실의 코 도 같이 주워 3단을 뜬다.

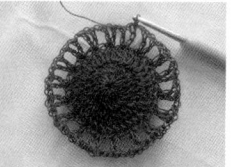

⑦3단을 뜬 모습.

⑦을 안에서 본 모습.

⑧4단 이후는 A실로만 도 안대로 39단까지 뜬다(P. 62 A실 뜨기 끝내기(39 단)·콧수표의 뜨는 방향 참조).

콧수표

단수	콧수	증감 수	뜨는 방향	
45			←	
44			→	손잡이
43			←	
42			→	
41	144코		←	
40			←	
39			→	
38			←	
37			→	
36			←	
35			→	
34			←	
33			→	
32			←	
31			→	
30			→	
29			→	
28			→	
27			→	
26			←	
25			→	
24			←	
23			→	
22	36무늬		←	옆면
21			→	
20			←	
19			→	
18			→	
17			→	
16			→	
15			→	
14			→	
13			→	
12			←	
11			→	
10			←	
9			→	
8			→	
7			→	
6			←	
5			→	
4			←	
3	72코	+36코		
2	36코	+18코	←	
1	18코		←	바닥
시작코＝사슬 3코 원형				

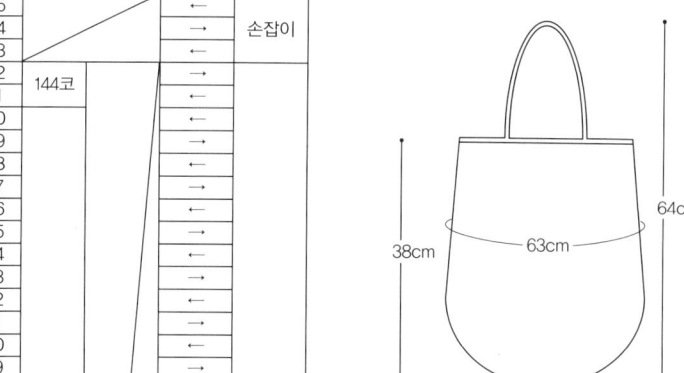

64cm
38cm
63cm

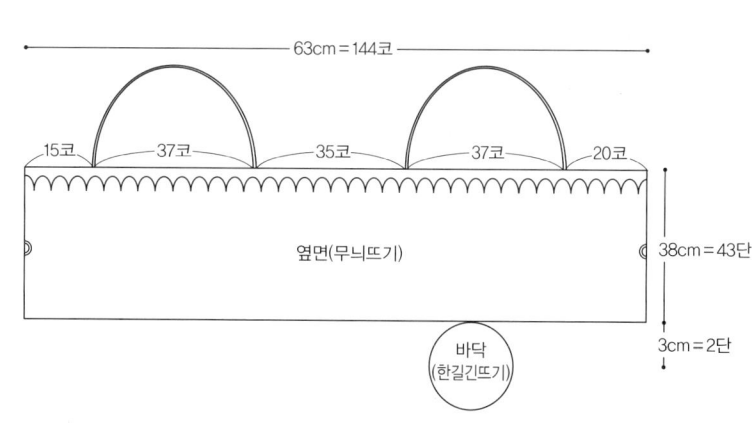

63cm＝144코

15코　37코　35코　37코　20코

옆면(무늬뜨기)

38cm＝43단

3cm＝2단

바닥
(한길긴뜨기)

no.12 원 핸들 개더 백 → P.16

[실] HAMANAKA Eco Andaria 베이지(23) 130g
[바늘] 코바늘 5/0호, 7/0호, 돗바늘
[게이지] 무늬뜨기 6무늬 12단 = 10cm
[완성 사이즈] 그림 참조

[만드는 방법]
①5/0호 바늘로 손잡이를 뜬다. 사슬뜨기 150코로 시작 코를 만들고, 왕복뜨기로 3단을 뜬다.
②7/0호 바늘로 본체를 뜬다. 1～14단까지 왕복뜨기로 손

잡이의 양쪽에 뜬다. 한쪽을 다 뜨면 편물을 180도 회전해, 반대쪽도 똑같이 본체를 14단 뜬다(손잡이 겉이 밖으로 오게 해 반 접었을 때, 본체 편물도 양쪽 겉이 밖이 되도록 떠 넣는다).
③7/0호 바늘로 본체를 합친다. 본체 편물 겉이 밖으로 오게 맞추고, 도안대로 가장자리뜨기로 본체를 연결한다.
④5/0호 바늘로 손잡이·입구에 가장자리뜨기를 한다. 도안대로 손잡이와 입구에 가장자리뜨기를 한다.

[본체]

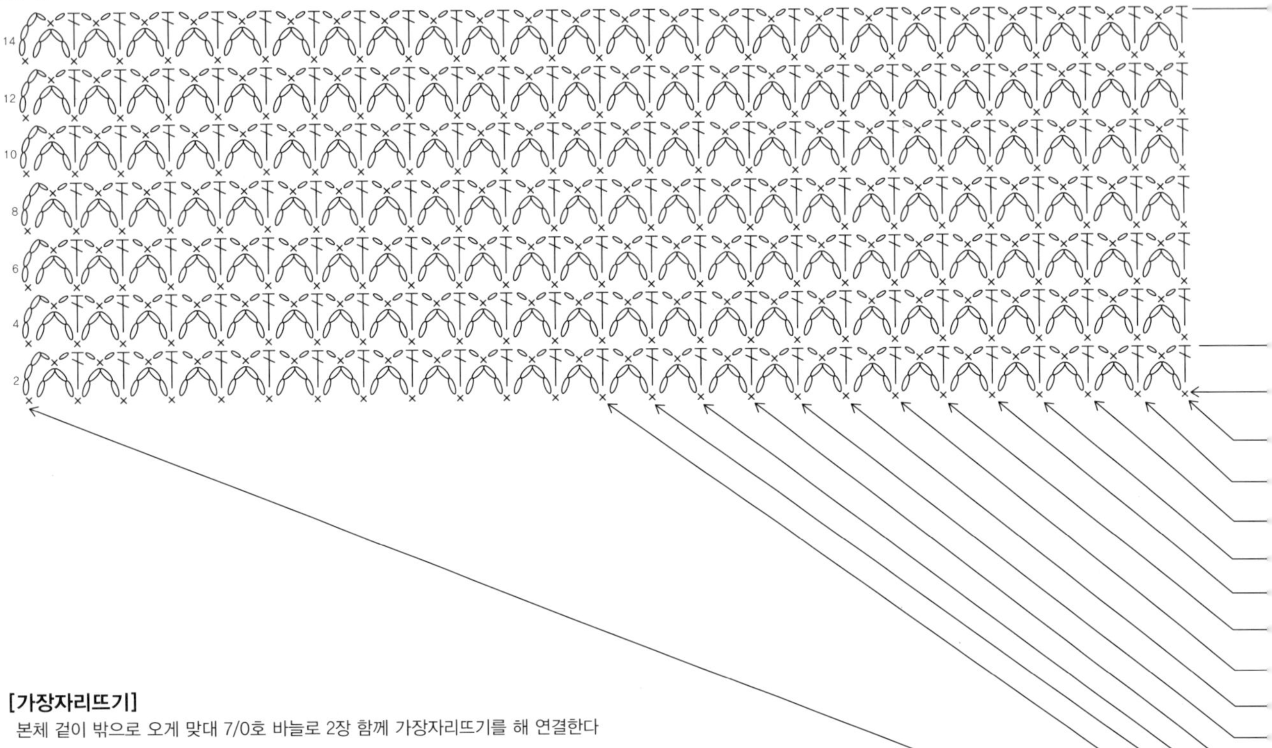

[가장자리뜨기]
본체 겉이 밖으로 오게 맞대 7/0호 바늘로 2장 함께 가장자리뜨기를 해 연결한다

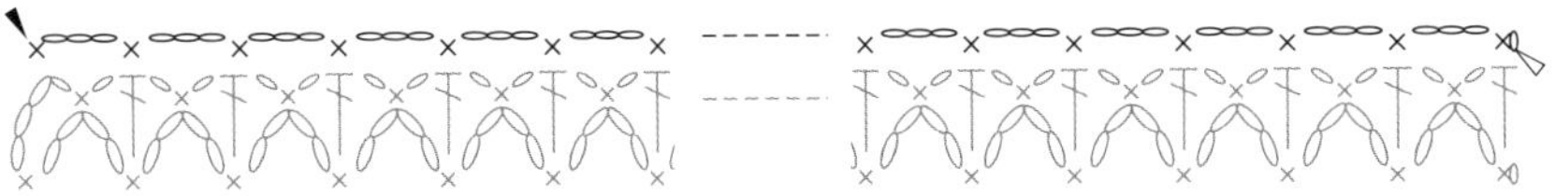

[손잡이·입구 가장자리뜨기]
손잡이와 입구를 각각 5/0호 바늘로 가장자리뜨기 한다

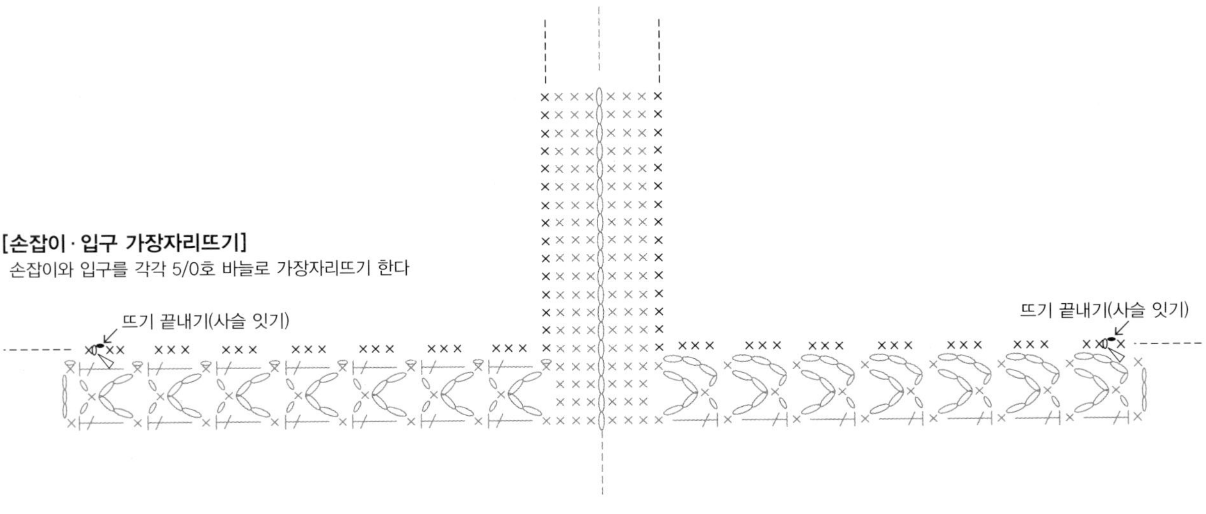

뜨기 끝내기(사슬 잇기)

뜨기 끝내기(사슬 잇기)

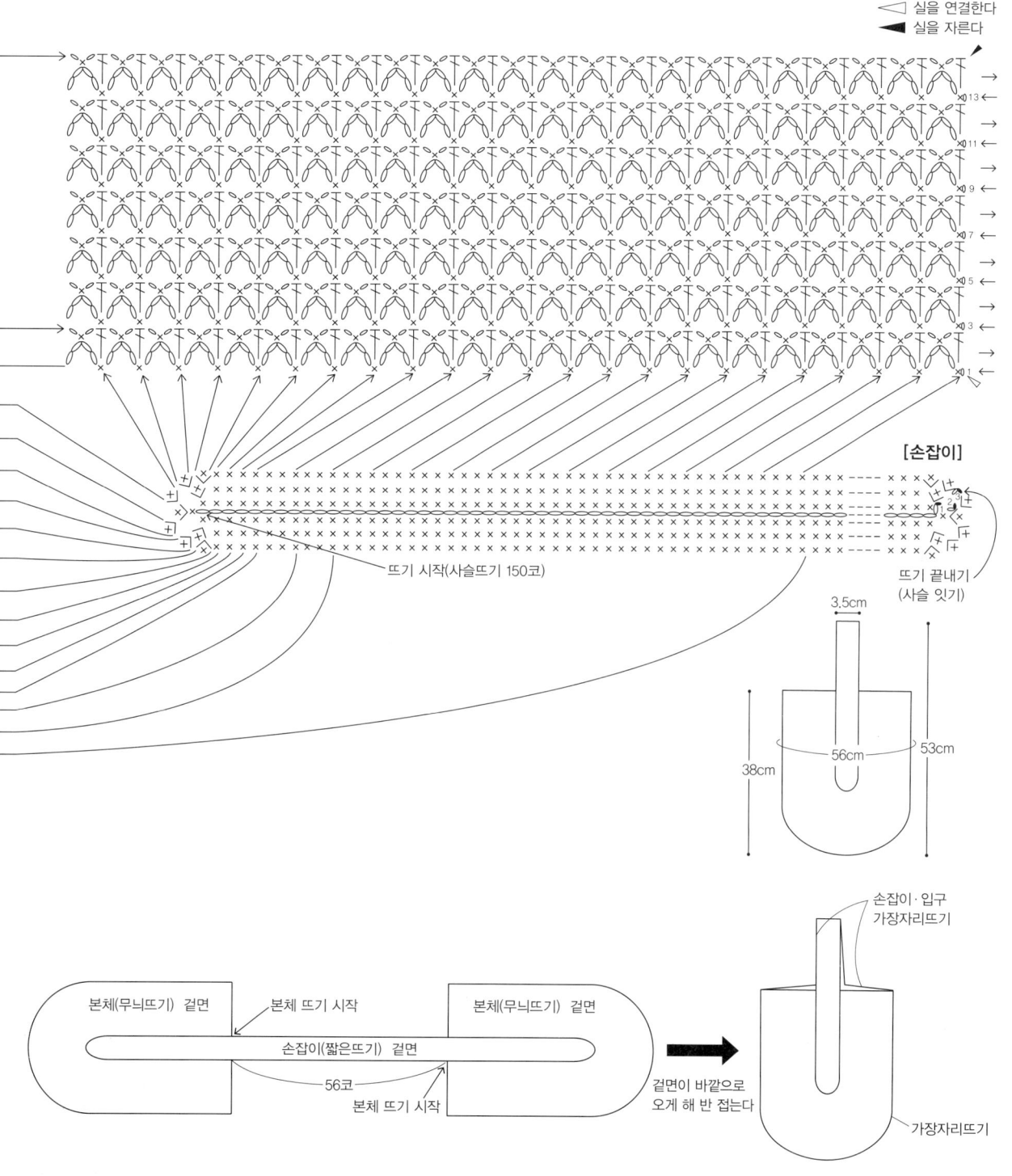

실을 연결한다
실을 자른다

[손잡이]

뜨기 시작(사슬뜨기 150코)

뜨기 끝내기
(사슬 잇기)

3.5cm

56cm   53cm

38cm

손잡이 · 입구
가장자리뜨기

본체(무늬뜨기) 겉면   본체 뜨기 시작   본체(무늬뜨기) 겉면

손잡이(짧은뜨기) 겉면

56코

본체 뜨기 시작

겉면이 바깥으로
오게 해 반 접는다

가장자리뜨기

65

no. 13-14 이중 플라스틱 백 ➡ P.18

[실] DARUMA Placord 3ply 13：바이올렛 블루(3) 60g,
14：체리 핑크(4) 60g
[바늘] 코바늘 6/0호, 돗바늘
[그 외] 안주머니용 면 원단(사이즈는 만드는 방법 참조)
왁스 끈 베이지(지름 약 2.5mm) 각 160cm
[게이지] 짧은뜨기 19코 27단 = 10cm
무늬뜨기 2.5무늬 8단 = 10cm
[완성 사이즈] 그림 참조

[만드는 방법]
①본체를 뜬다. 사슬뜨기 35코로 시작코를 만들고, 도안
대로 39단까지 뜬다(콧수표의 뜨는 방향 참조).
②손잡이 안쪽을 뜬다.
③안주머니를 만든다(안주머니 만드는 방법 참조).

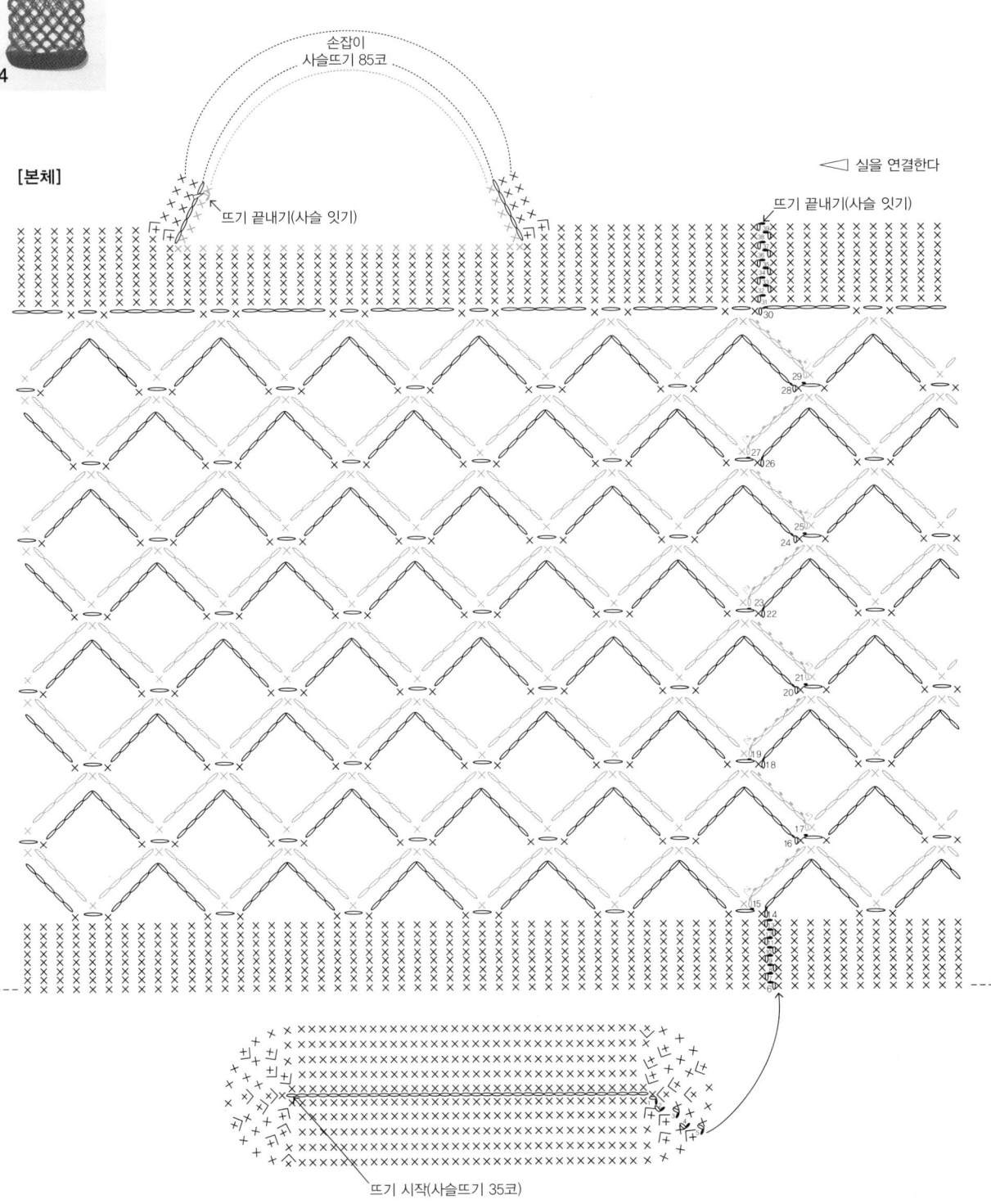

13

14

손잡이
사슬뜨기 85코

[본체]

◁ 실을 연결한다

뜨기 끝내기(사슬 잇기)

뜨기 끝내기(사슬 잇기)

뜨기 시작(사슬뜨기 35코)

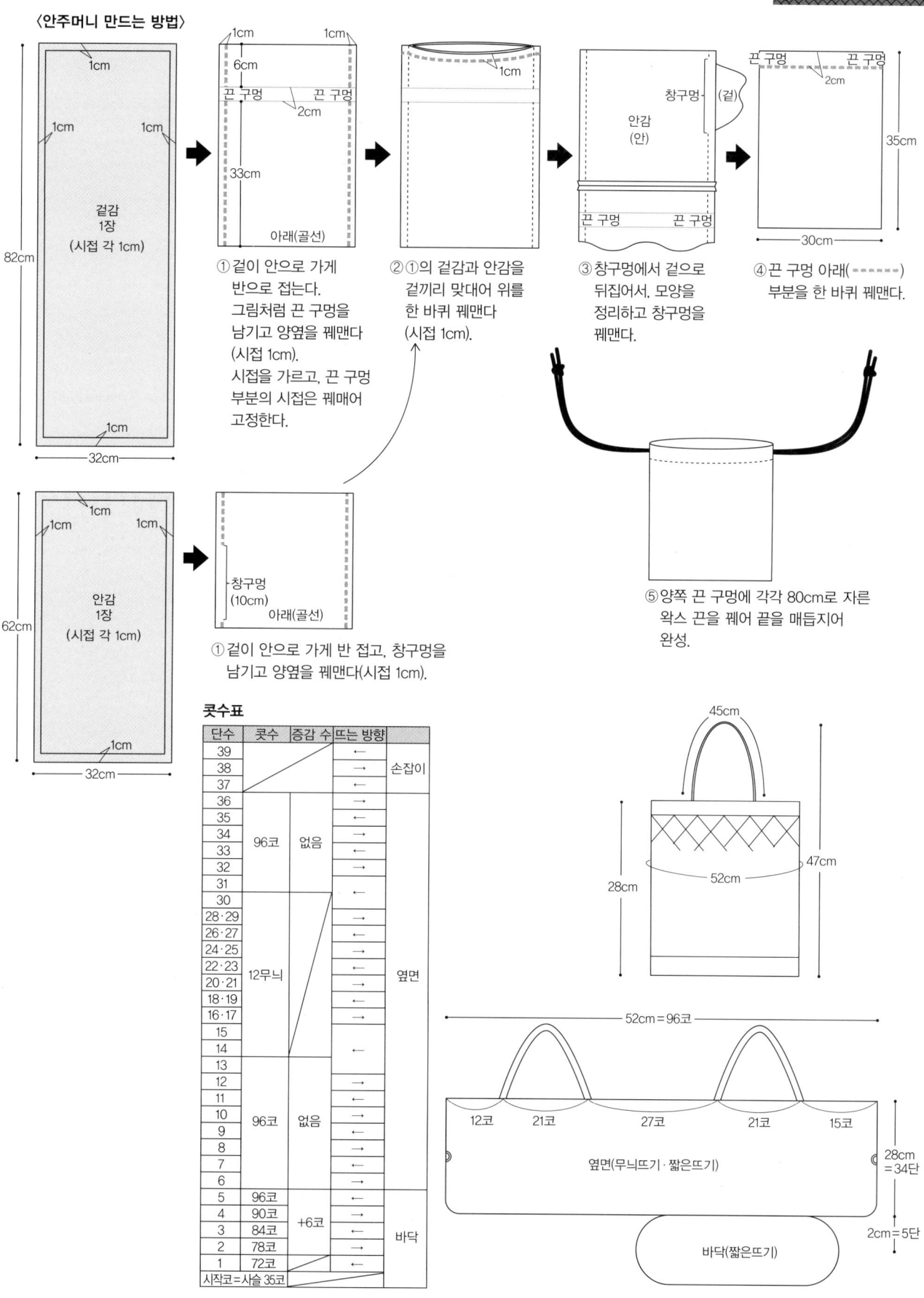

〈안주머니 만드는 방법〉

1cm / 1cm / 1cm / 1cm / 1cm

겉감
1장
(시접 각 1cm)

82cm

32cm

1cm / 6cm

끈 구멍   끈 구멍
2cm

33cm

아래(골선)

① 겉이 안으로 가게
반으로 접는다.
그림처럼 끈 구멍을
남기고 양옆을 꿰맨다
(시접 1cm).
시접을 가르고, 끈 구멍
부분의 시접은 꿰매어
고정한다.

1cm

② ①의 겉감과 안감을
겉끼리 맞대어 위를
한 바퀴 꿰맨다
(시접 1cm).

창구멍 / (겉)

안감
(안)

끈 구멍   끈 구멍

③ 창구멍에서 겉으로
뒤집어서, 모양을
정리하고 창구멍을
꿰맨다.

끈 구멍   끈 구멍
2cm

35cm

30cm

④ 끈 구멍 아래(------)
부분을 한 바퀴 꿰맨다.

안감
1장
(시접 각 1cm)

62cm

32cm

1cm / 1cm / 1cm / 1cm

창구멍
(10cm)

아래(골선)

① 겉이 안으로 가게 반 접고, 창구멍을
남기고 양옆을 꿰맨다(시접 1cm).

⑤ 양쪽 끈 구멍에 각각 80cm로 자른
왁스 끈을 꿰어 끝을 매듭지어
완성.

콧수표

단수	콧수	증감 수	뜨는 방향	
39			←	
38			→	손잡이
37			←	
36			→	
35			←	
34	96코	없음	→	
33			←	
32			→	
31			←	
30			→	
28·29			→	
26·27			←	
24·25			→	
22·23	12무늬		←	
20·21			→	옆면
18·19			←	
16·17			→	
15				
14			←	
13				
12			→	
11			←	
10			→	
9	96코	없음	←	
8			→	
7			←	
6			→	
5	96코		←	
4	90코		→	
3	84코	+6코	←	바닥
2	78코		→	
1	72코		←	
시작코=사슬 35코				

45cm

47cm

28cm

52cm

52cm=96코

12코 / 21코 / 27코 / 21코 / 15코

옆면(무늬뜨기·짧은뜨기)

28cm
=34단

2cm=5단

바닥(짧은뜨기)

no.15-16 사각 포셰트 ➡ P.20

[실] PUPPY Cotton Kona 15 : 핑크(82) 40g,
　　　16 : 카키(73) 40g
[바늘] 코바늘 4/0호, 돗바늘
[게이지] 무늬뜨기 A : 3무늬 7단 = 5cm
　　　　　무늬뜨기 B : 29코 = 10cm, 4단 = 3cm
[완성 사이즈] 그림 참조

[만드는 방법]
① 본체를 뜬다. 바닥은 사슬뜨기 31코로 시작코를 만들고, 코 늘림을 하면서 2단을 뜬다. 이어서 옆면을 무늬뜨기 A로 18단 뜨고, 입구를 무늬뜨기 B로 4단 뜬다.
② 끈고리를 2장 뜬다. 세로로 반 접어, 입구 기둥코와 45코의 2, 3단에 돗바늘로 꿰맨다.
③ 100cm의 끈을 2줄 뜬다(스레드 코드 뜨는 방법 참조). 끈고리에 끼워 끝을 모아 묶는다.

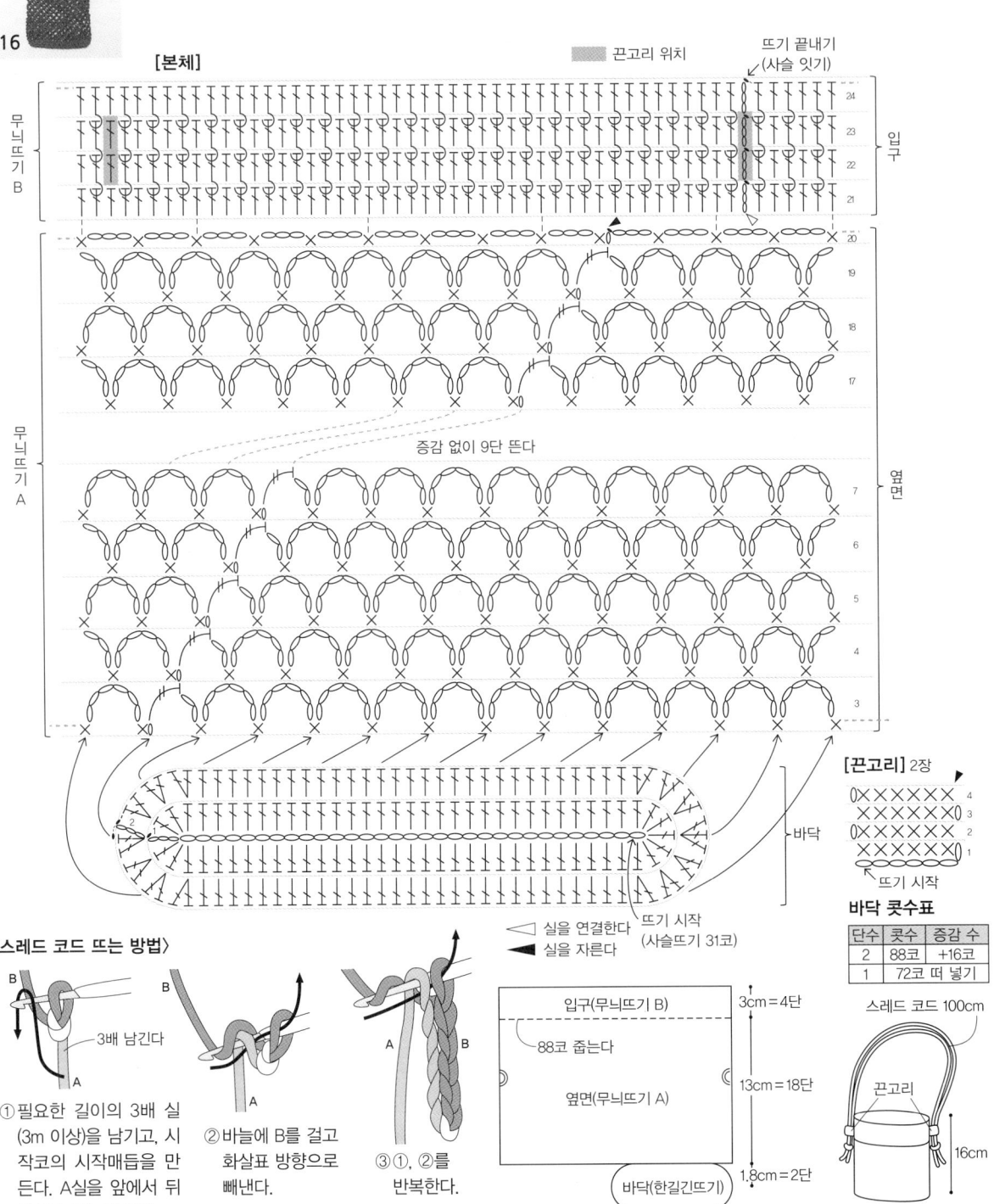

바닥 콧수표

단수	콧수	증감 수
2	88코	+16코
1	72코 떠 넣기	

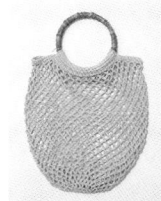

no. 17 대나무 핸들 코튼 백 ➡ P.22

[실] HAMANAKA Paume Cotton Linen 베이지(202) 75g
[바늘] 코바늘 6/0호, 돗바늘
[그 외] HAMANAKA 대나무 핸들 원형·중(H210-623-1) 1쌍
[게이지] 무늬뜨기 6무늬 9단 = 10cm
[완성 사이즈] 그림 참조

[만드는 방법]
① 본체를 뜬다. 사슬뜨기를 3코 뜨고, 첫코에 빼뜨기 해 원형을 만든다. 18코 떠 넣고, 도안대로 35단까지 뜬다(콧수표의 뜨는 방향 참조).
② 손잡이를 단다. 실을 연결해 손잡이 받침을 2곳에 뜬다. 뜨기 끝내기 실을 60cm 정도 남기고 자른다. 대나무 손잡이를 받침 부분의 안쪽에 대고 편물로 감싸, 받침의 마지막 단 코와 본체 35단 코를 남겨둔 실로 감쳐서 잇는다(감침질 방법 참조).

감침질 방법
본체 35단 안쪽 면 회색 부분의 실과 손잡이 받침 마지막 단의 코를 감쳐서 잇는다.

짧은뜨기를 안에서 본 그림

[본체]

여기를 줍는다
뜨기 끝내기(실을 60cm 정도 남기고 자른다)
실을 연결한다
뜨기 끝내기(사슬 잇기)
1 2 3 4 5 6 7 8
35 34 33 32 31 30 29
12 11 10 9 8 7 6 5 4 3

1 2

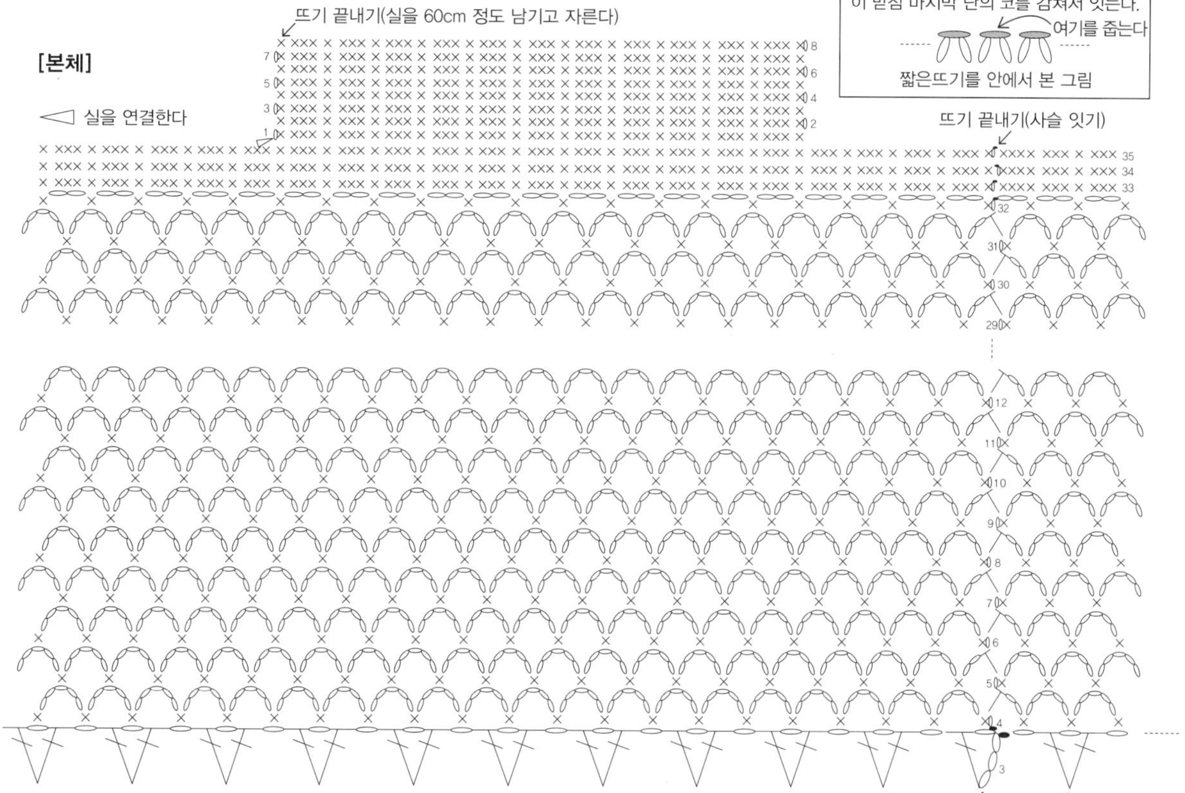

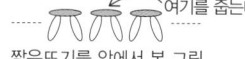

콧수표

단수	콧수	증감 수	뜨는 방향	
17	36무늬		→	옆면
16			←	
15			→	
14			←	
13			→	
12			←	
11			→	
10			←	
9			→	
8			←	
7			→	
6			←	
5			→	
4			←	
3	72코	+36코	←	바닥
2	36코	+18코	←	
1	18코		←	
시작코 = 사슬 3코 원형				

단수	콧수	증감 수	뜨는 방향	
35	144코		←	옆면
34			→	
33			←	
32	36무늬		←	
31			→	
30			←	
29			→	
28			←	
27			→	
26			←	
25			→	
24			←	
23			→	
22			←	
21			→	
20			←	
19			→	
18			←	

45cm
28cm
58cm

손잡이 받침(짧은뜨기)
58cm = 144코
11코
45코
27코
45코
16코
5cm = 8단
옆면(무늬뜨기)
25.5cm = 33단
2.5cm = 2단
바닥
(한길긴뜨기)

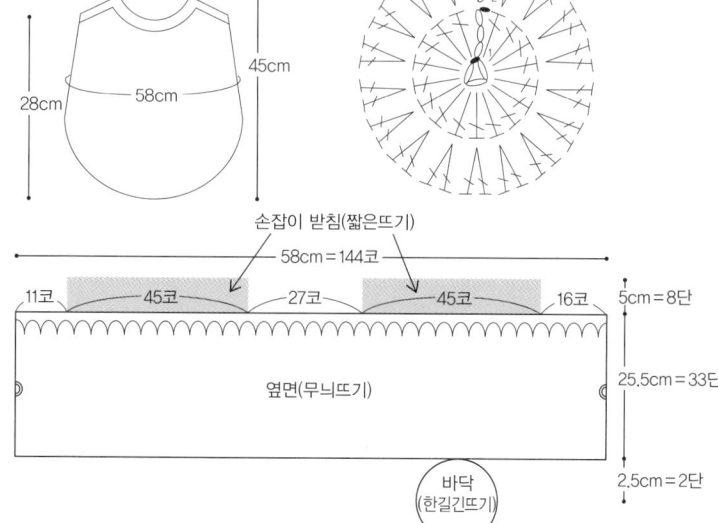

no.18 투명 핸들 그래니 백 ➡ P.23

[실] DARUMA Knitting Cotton 레드(5) 90g
[바늘] 코바늘 7/0호, 돗바늘
[그 외] 투명 핸들(지름 13cm) 1쌍
[게이지] 짧은뜨기 18코 21단 = 10cm
　　　　　무늬뜨기(사슬뜨기 5코) 5.5무늬 9단 = 10cm
[완성 사이즈] 그림 참조

[만드는 방법]
① 본체를 뜬다. 원형 시작코를 만들고, 1단은 짧은뜨기 1
코와 사슬뜨기 3코의 무늬뜨기를 6무늬 떠 넣는다. 계
속해서 31단까지 뜬다.

② 손잡이 받침을 2곳에 뜬다. 실을 연결해 도안대로 10단
까지 뜬다. 2단과 4단의 이랑뜨기는 앞쪽 반코를 주워
뜬다. 실을 연결해 가장자리를 뜬다. 뜨기 끝내기 후 실
을 각각 40cm 정도 남기고 자른다.
③ 손잡이를 단다. 손잡이 받침 4~10단의 안쪽에 대고 편
물로 감싸, 받침 마지막 단의 코 머리와 받침 4단 코를
주워, ②의 남은 실로 감침질해 붙인다(그림 A 참조).

그림 A

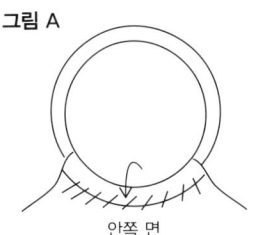

안쪽 면

손잡이 받침의 안쪽에 투명 핸들을 놓고,
편물로 감싼 뒤 감침질로 붙인다.

무늬 수 표

단수	무늬	증감 수	1무늬마다 사슬 콧수
14~28	36무늬	증감 없음	
13	36무늬	+3무늬	5코
12	33무늬	+3무늬	
11	30무늬	증감 없음	
10	30무늬	+3무늬	4코
9	27무늬	+3무늬	
8	24무늬	+3무늬	
7	21무늬	+3무늬	
6	18무늬	증감 없음	
5	18무늬	+3무늬	3코
4	15무늬	+3무늬	
3	12무늬	+3무늬	
2	9무늬	+3무늬	
1	6무늬		

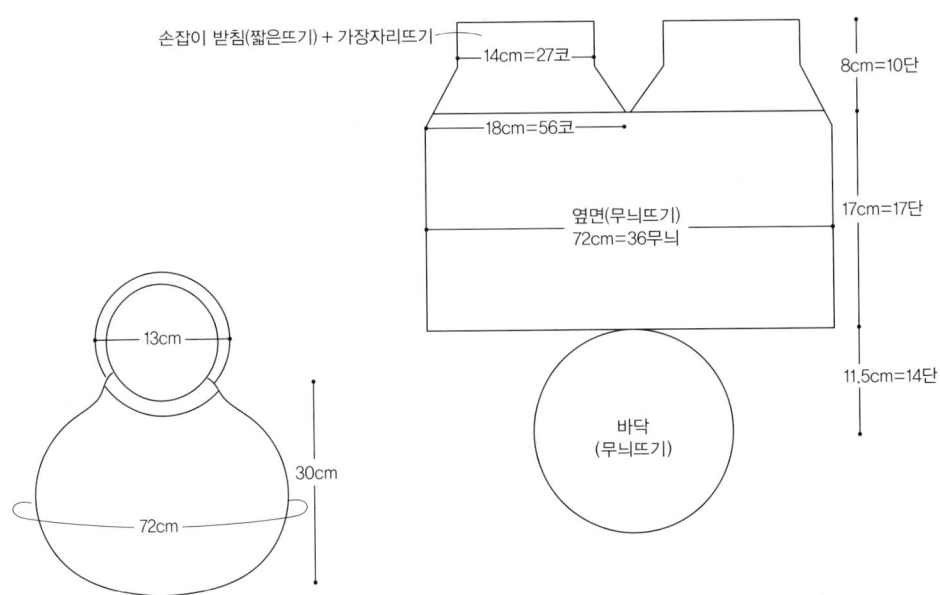

손잡이 받침(짧은뜨기) + 가장자리뜨기

14cm=27코

8cm=10단

18cm=56코

옆면(무늬뜨기)
72cm=36무늬

17cm=17단

11.5cm=14단

바닥
(무늬뜨기)

13cm

30cm

72cm

[본체]

뜨기 끝내기(실을 40cm 남기고 자른다)

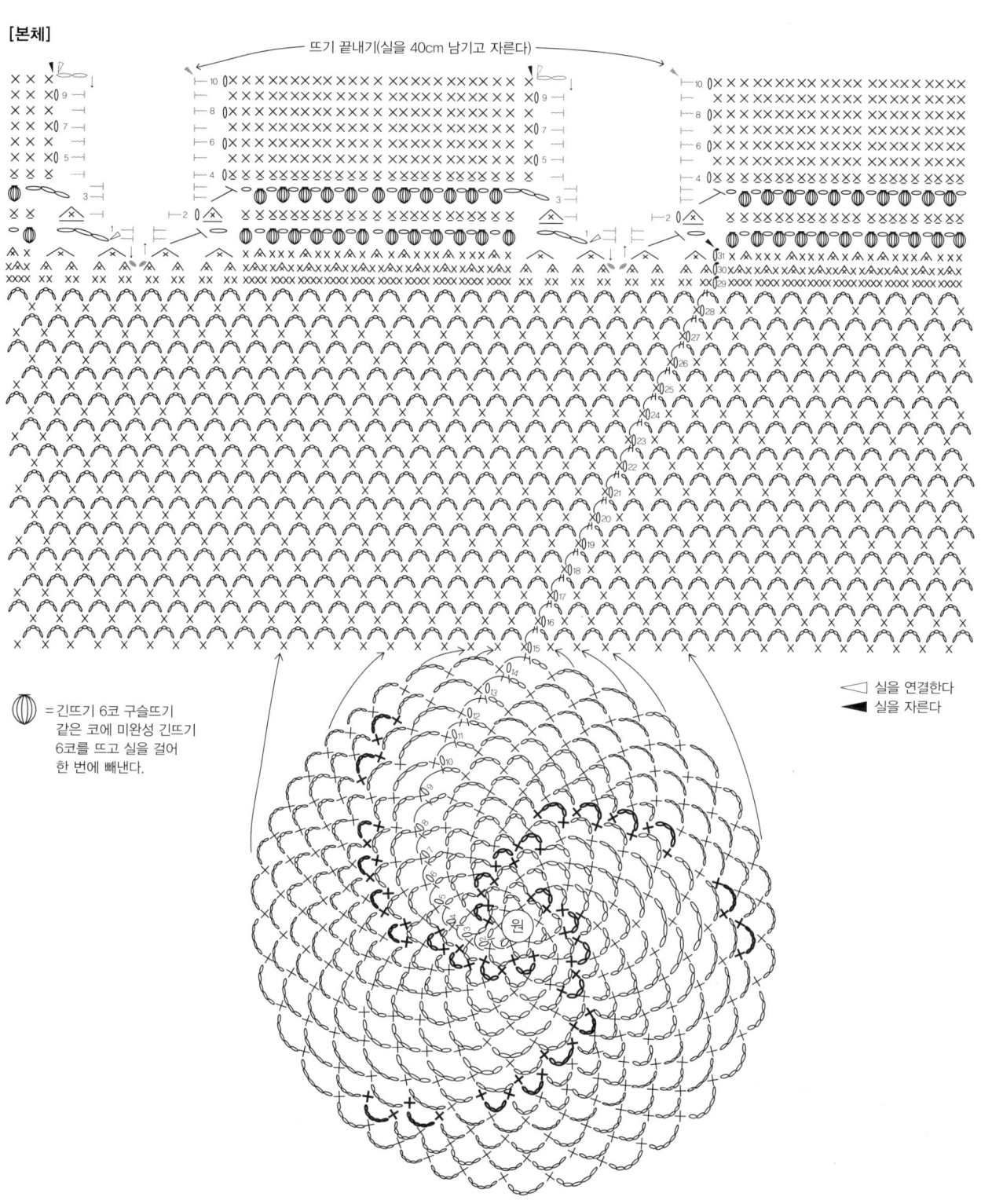

= 긴뜨기 6코 구슬뜨기
같은 코에 미완성 긴뜨기
6코를 뜨고 실을 걸어
한 번에 빼낸다.

◁ = 실을 연결한다
◀ = 실을 자른다

원

no. 19-20 모티브 달린 미니 토트백 ➡ P.24

19

20

[실] PUPPY Arabis 19 : 그린(7622) 100g,
　　 20 : 블랙(9724) 100g
[바늘] 코바늘 5/0호, 돗바늘
[게이지] 짧은뜨기 19코 26단 = 10cm
　　　　 한길긴뜨기 9무늬 12단 = 10cm
[완성 사이즈] 그림 참조

[만드는 방법]
실은 2가닥으로 뜬다.
① 본체를 뜬다. 사슬뜨기 55코로 시작코를 만들고, 장식
　뜨기를 하면서 34단까지 뜬다.
② 손잡이를 2개 뜬다.
③ 손잡이를 본체 지정 위치에 감침질로 단다.

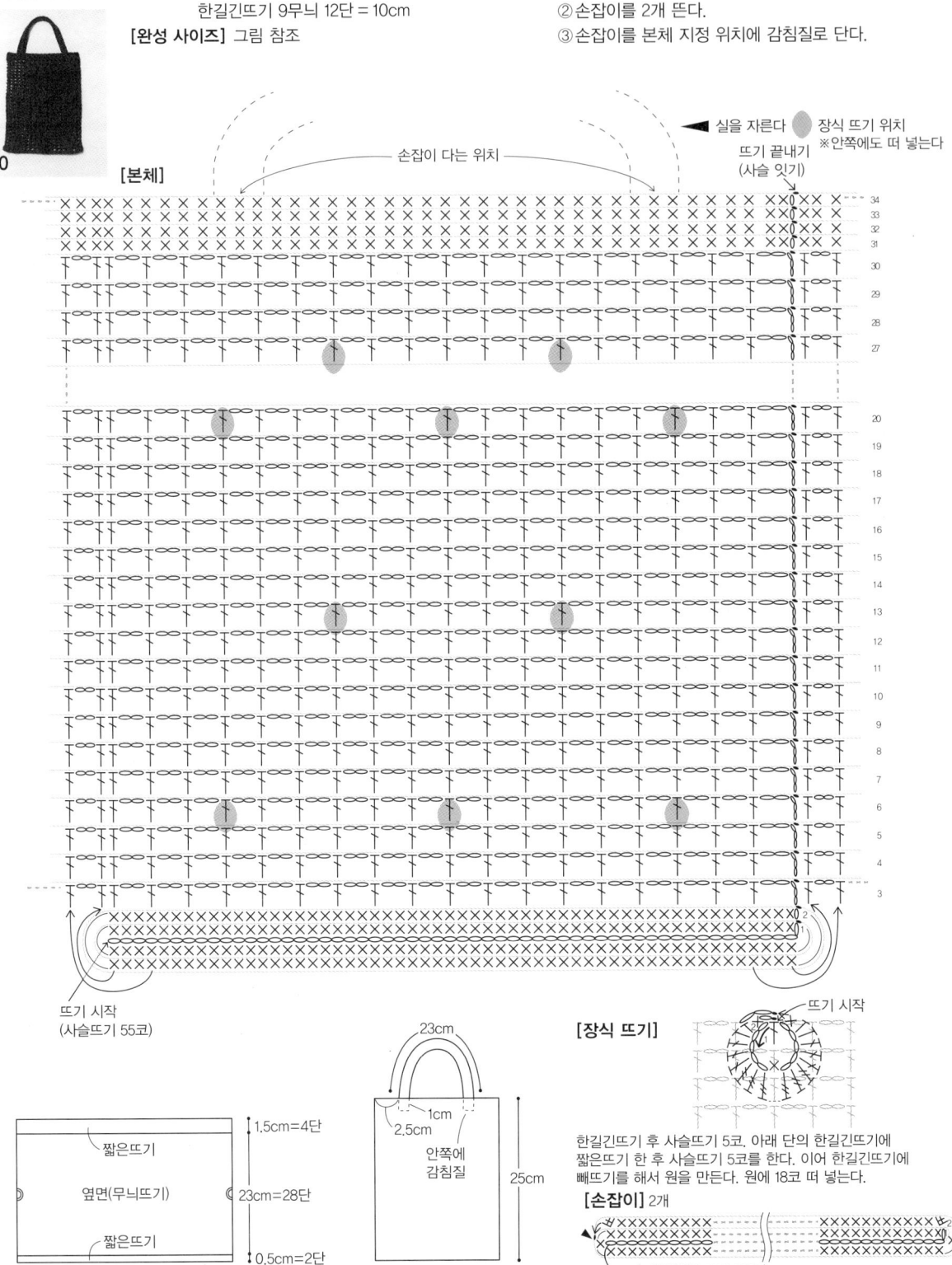

◀ 실을 자른다　　● 장식 뜨기 위치
뜨기 끝내기　　　※안쪽에도 떠 넣는다
(사슬 잇기)

손잡이 다는 위치

[본체]

뜨기 시작
(사슬뜨기 55코)

짧은뜨기
옆면(무늬뜨기)
짧은뜨기

1.5cm=4단
23cm=28단
0.5cm=2단

40cm=110코

23cm
1cm
2.5cm
안쪽에
감침질
25cm
20cm

[장식 뜨기]

뜨기 시작

한길긴뜨기 후 사슬뜨기 5코, 아래 단의 한길긴뜨기에
짧은뜨기 한 후 사슬뜨기 5코를 한다. 이어 한길긴뜨기에
빼뜨기를 해서 원을 만든다. 원에 18코 떠 넣는다.

[손잡이] 2개

뜨기 시작(사슬뜨기 60코)

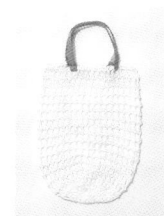

no.21 가죽 핸들 백 → P.26

[실] DARUMA Stripes 화이트(1) 110g
[바늘] 코바늘 7/0호, 돗바늘
[그 외] 천연 가죽 테이프 갈색(2cm 너비) 80cm
리벳(머리 지름 7mm 다리 길이 8mm) 8쌍, 펀치,
누름쇠
[게이지] 무늬뜨기 6무늬 4.5단 = 10cm
[완성 사이즈] 그림 참조

[만드는 방법]
① 본체를 뜬다. 사슬뜨기를 3코 떠서 첫코에 빼내 원형
을 만든다. 18코를 떠 넣은 뒤 도안대로 21단까지 뜬다
(5~19단은 왕복뜨기로 뜬다.)
② 손잡이를 단다. 가죽 테이프를 40cm로 잘라 같은 표식
의 손잡이 다는 위치에 끼우고, 리벳으로 고정한다(손
잡이 다는 방법 참조).

[본체]

뜨기 끝내기(사슬 잇기)

○ ● 손잡이 다는 위치

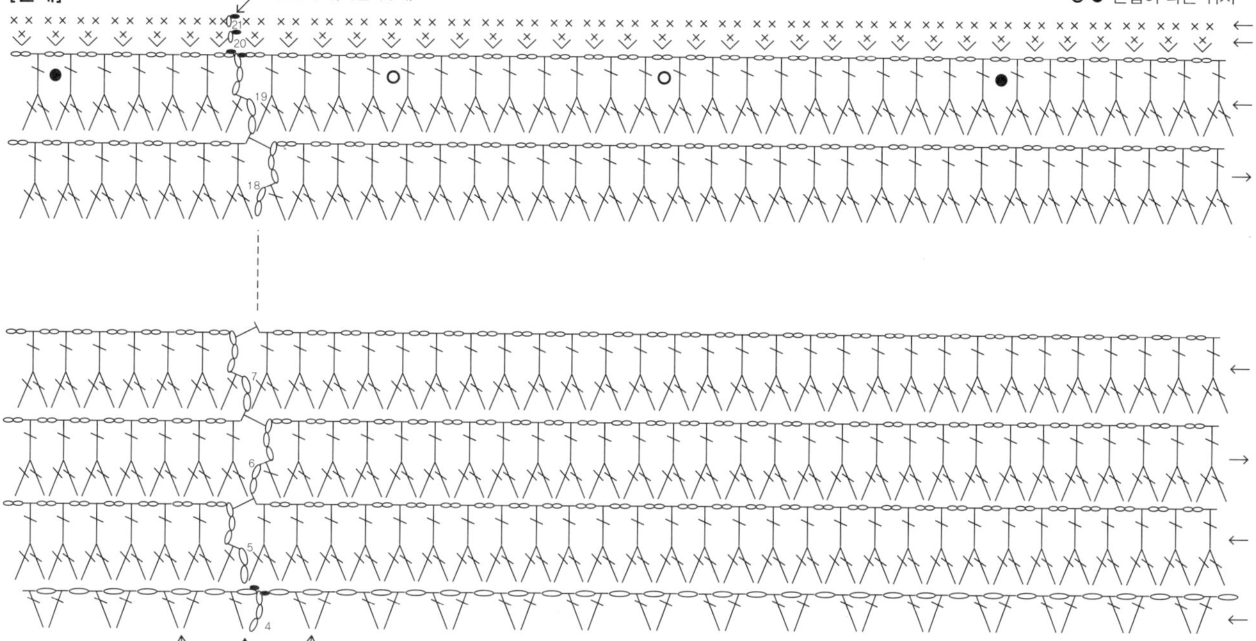

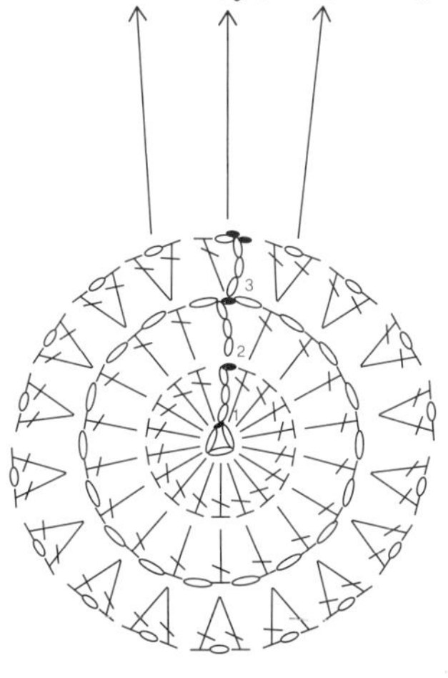

〈손잡이 다는 방법〉
손잡이 리벳용 구멍 위치
40cm×2줄(반대쪽도 똑같이 펀치로 구멍을 뚫는다)

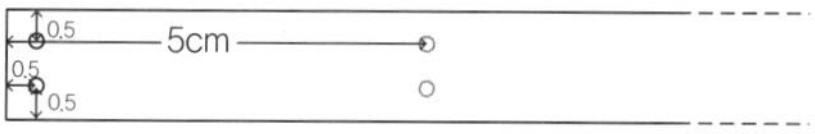

5cm
0.5
0.5
0.5

편물 겉면

편물 겉에서 가죽 테이프를 그림과 같이
끼워서 리벳으로 고정한다. 반대쪽은
도안의 손잡이 다는 위치의 같은 표식에
동일한 방법으로 넣어서 리벳으로 고정한다.
다른 한쪽 손잡이도 똑같이 단다.

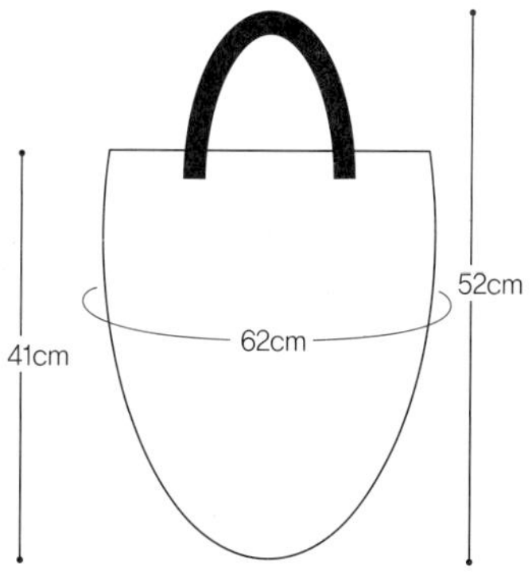

62cm
52cm
41cm

no.22 캔버스 안감 있는 백 → P.28

[실] DARUMA LILI 베이지(2) 140g

[바늘] 코바늘 7.5/0호, 돗바늘

[그 외] 캔버스 원단 6호 70cm×30cm
　　　　가죽 갈색 2mm 두께 10cm×11cm
　　　　스프링 똑딱단추 대(지름 15mm) 2쌍, 펀치, 누름쇠

[게이지] 무늬뜨기 5무늬 10단 = 10cm

[완성 사이즈] 그림 참조

[만드는 방법]

① 본체를 뜬다. 사슬뜨기 40코로 시작코를 만들고, 도안
　대로 34단까지 뜬다.

② 실 2가닥으로 손잡이를 뜬다.

③ 캔버스 원단으로 안주머니를 박아 만든다(안주머니 만
　드는 방법 참조).

④ 손잡이 커버를 만든다. 가죽에 스프링 똑딱단추 2쌍을
　단다(손잡이 커버 만드는 방법 참조).

[본체]

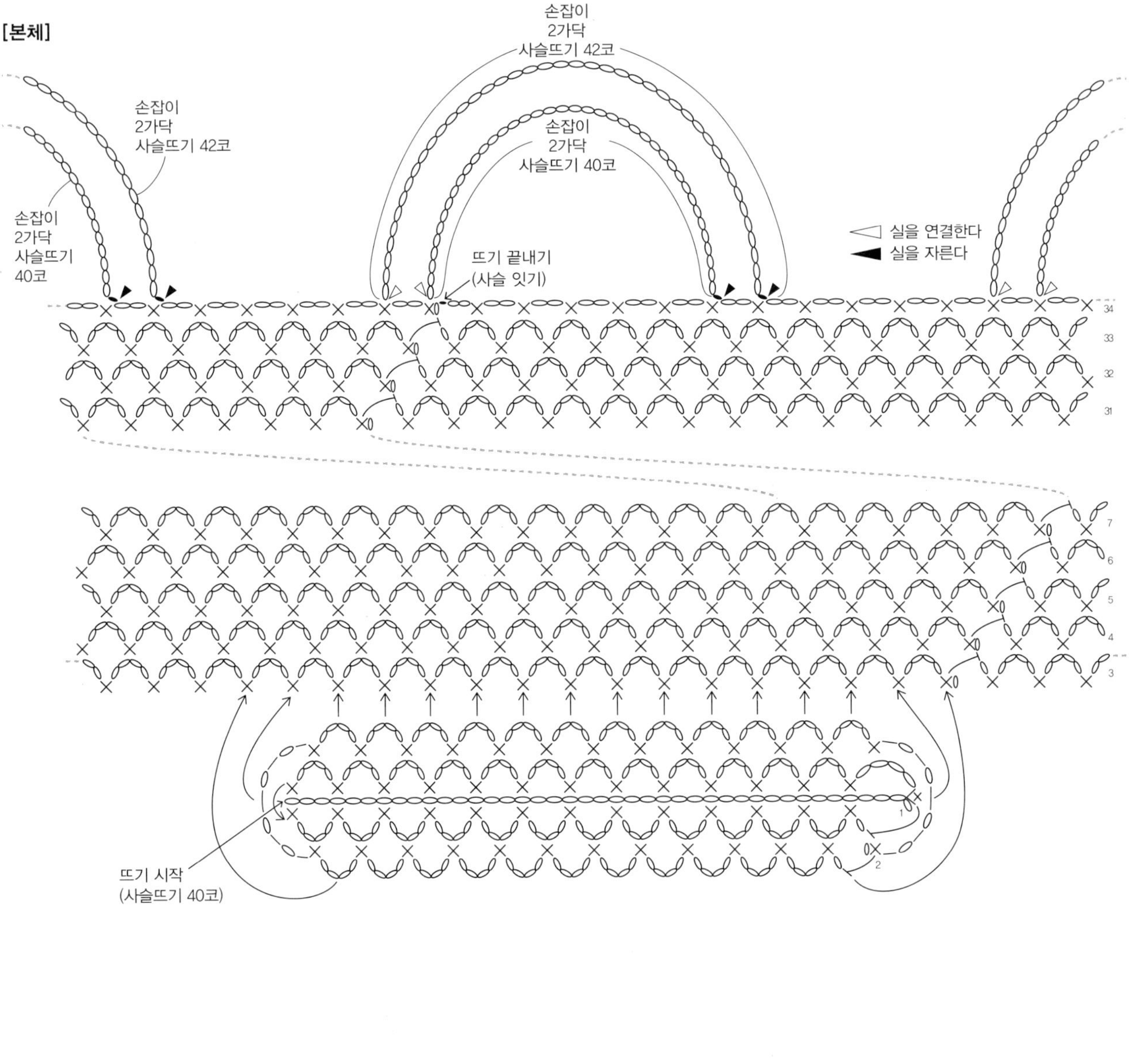

손잡이
2가닥
사슬뜨기 42코

손잡이
2가닥
사슬뜨기 42코

손잡이
2가닥
사슬뜨기 40코

손잡이
2가닥
사슬뜨기 40코

뜨기 끝내기
(사슬 잇기)

◁ 실을 연결한다
◀ 실을 자른다

34
33
32
31

7
6
5
4
3

뜨기 시작
(사슬뜨기 40코)

1
2

〈안주머니 만드는 방법〉

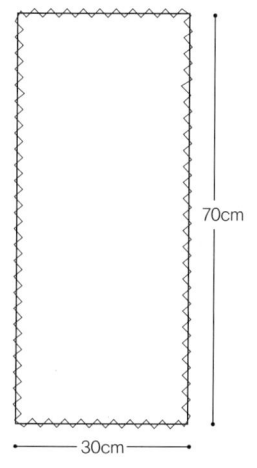

70cm

30cm

① 천 끝에 풀림 방지를 위
해 지그재그 미싱 처리를
한다.

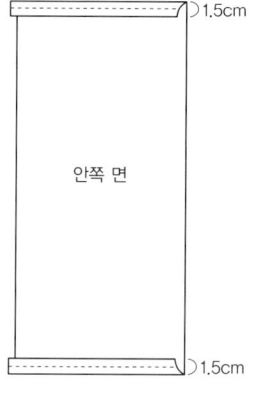

안쪽 면

1.5cm

1.5cm

② 양 끝을 각 1.5cm 접어
미싱으로 박는다.

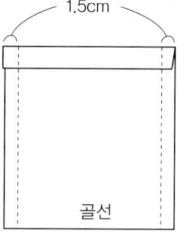

1.5cm

골선

③ 겉이 안으로 들어가게 접
어, 양옆에 1.5cm 시접을
두고 미싱으로 박는다.

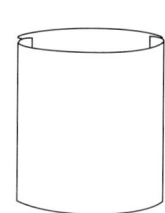

④ 뒤집어서 완성.

〈손잡이 커버 만드는 방법〉

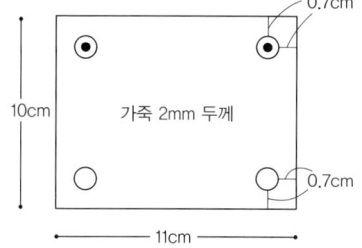

0.7cm

10cm

가죽 2mm 두께

0.7cm

11cm

펀치 등으로 가죽에 구멍을
뚫고, 스프링 똑딱단추 아랫
부분(○)과 윗부분(◉)을 각
각 누름쇠로 단다.

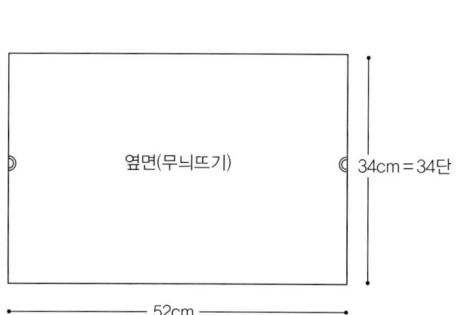

옆면(무늬뜨기)

34cm = 34단

52cm

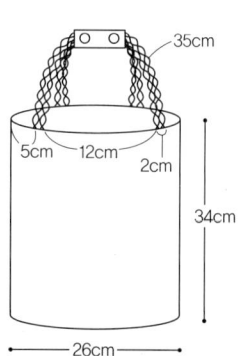

35cm

5cm 12cm 2cm

34cm

26cm

no.23 버킷형 피시네트 백 → P.30

[실] DARUMA Placord 3ply 화이트(1) 40g,
바이올렛 블루(3) 30g
[바늘] 코바늘 7/0호, 돗바늘
[게이지] 옆면 무늬뜨기 5.5무늬 4.5단 = 10cm
[완성 사이즈] 그림 참조

[만드는 방법]
① 본체를 뜬다. 바이올렛 블루 실로 원형 시작코에 한길 긴뜨기 1코와 사슬뜨기 2코의 무늬뜨기를 6무늬 떠 넣고, 코 늘림을 하면서 9단까지 뜬다. 옆면은 15단까지 화이트 실로 25단까지 뜬다.
② 어깨끈을 2군데 뜬다. 하나는 본체에 계속 이어서 뜬다.
③ 어깨 걸이를 뜬다. 어깨끈에 바이올렛 블루 실을 연결해 뜬 뒤 다른 한쪽 어깨끈과 짧은뜨기로 잇는다.
④ 어깨 걸이를 그림 A와 같이 짧은뜨기로 잇는다.

그림 A

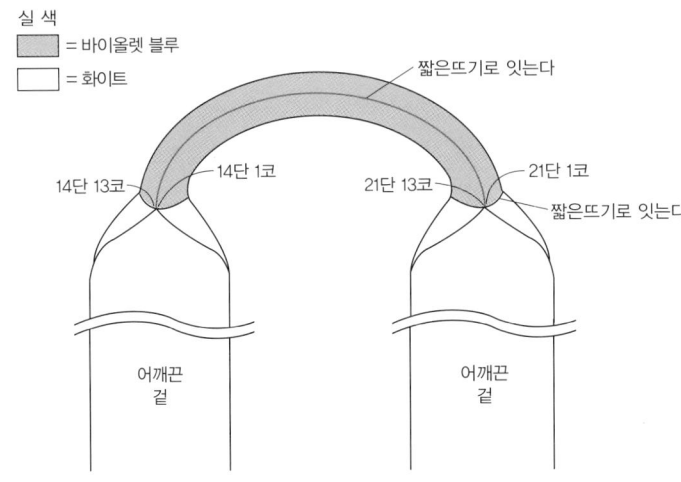

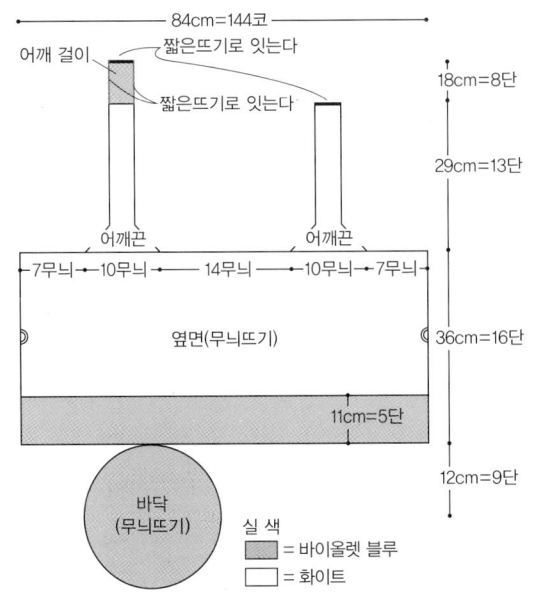

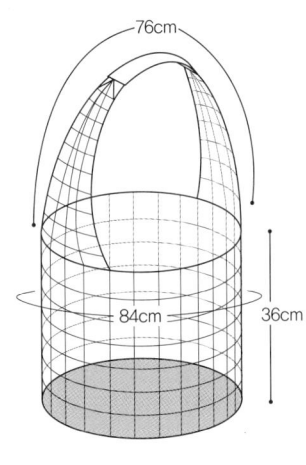

[본체]

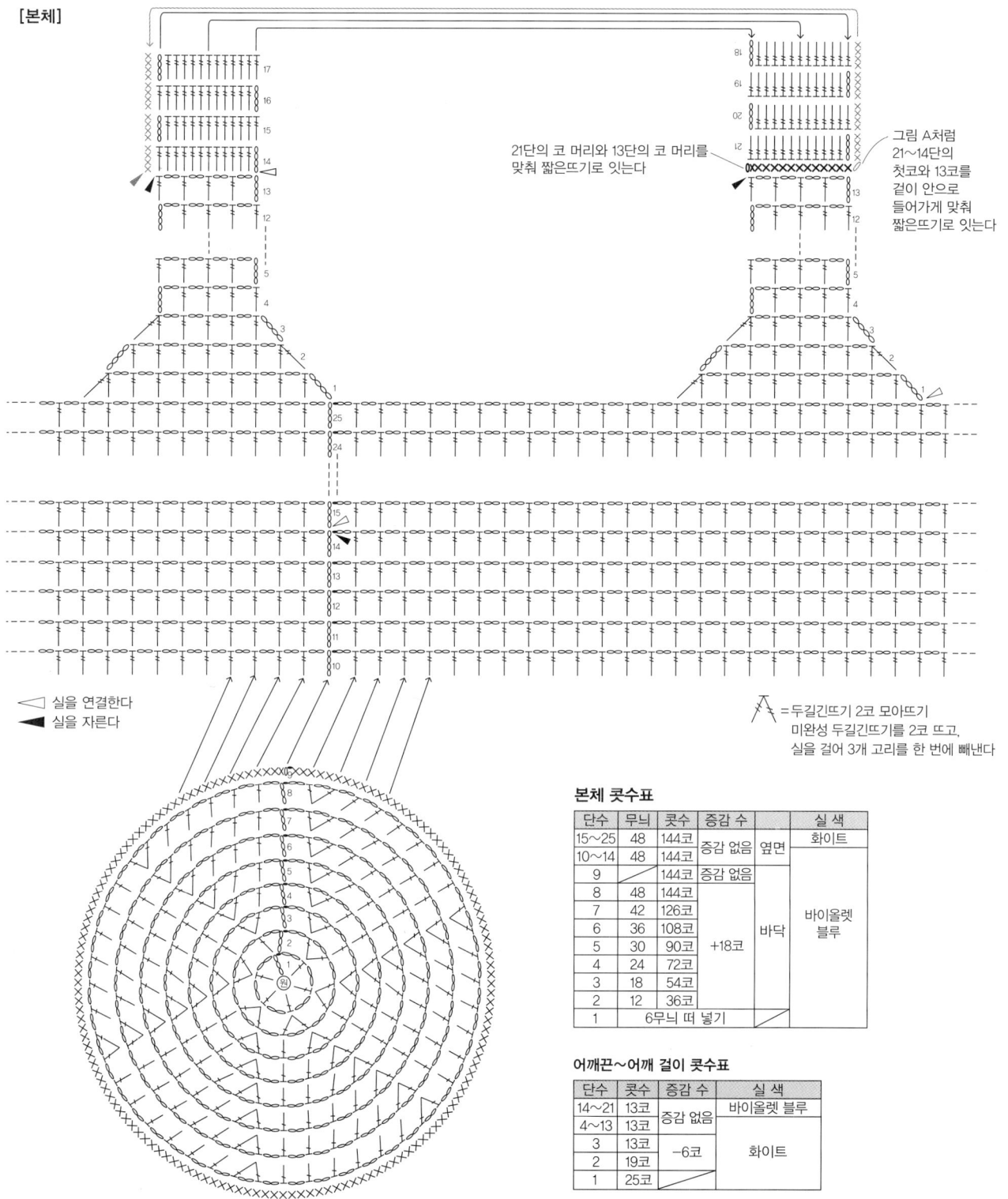

21단의 코 머리와 13단의 코 머리를
맞춰 짧은뜨기로 잇는다

그림 A처럼
21~14단의
첫코와 13코를
겉이 안으로
들어가게 맞춰
짧은뜨기로 잇는다

◁ 실을 연결한다
◀ 실을 자른다

= 두길긴뜨기 2코 모아뜨기
미완성 두길긴뜨기를 2코 뜨고,
실을 걸어 3개 고리를 한 번에 빼낸다

본체 콧수표

단수	무늬	콧수	증감 수		실 색
15~25	48	144코	증감 없음	옆면	화이트
10~14	48	144코			
9		144코	증감 없음		
8	48	144코		바닥	바이올렛 블루
7	42	126코			
6	36	108코			
5	30	90코	+18코		
4	24	72코			
3	18	54코			
2	12	36코			
1	6무늬 떠 넣기				

어깨끈~어깨 걸이 콧수표

단수	콧수	증감 수	실 색
14~21	13코	증감 없음	바이올렛 블루
4~13	13코		
3	13코	-6코	화이트
2	19코		
1	25코		

no.24 버킷형 원 핸들 백 → P.32

[실] DARUMA Placord 3ply 화이트(1) 40g,
　　　미스트 핑크(8) 40g
[바늘] 코바늘 7/0호, 돗바늘
[게이지] 옆면 무늬뜨기 11무늬 9단 = 10cm
[완성 사이즈] 그림 참조

[만드는 방법]
① 본체를 뜬다. 바닥은 화이트 실로 원형 시작코에 한길
　 긴뜨기 1코와 사슬뜨기 2코의 무늬뜨기를 6무늬 떠 넣

고, 코 늘림을 하면서 8단까지 뜬다. 옆면 9~26단은
미스트 핑크 실로, 27~34단은 화이트 실로 도안대로
뜬다.
② 끈을 뜬다. 화이트 실로 170코의 사슬뜨기를 2줄 뜨고,
　 각각 본체 33단의 ●부분으로 끈을 꿰어 묶는다(P.79 끈
　 끼우는 방법 참조).
③ 손잡이를 뜬다. 화이트 실로 도안대로 뜨고, 본체의 손
　 잡이 구멍에 끼운 뒤 돗바늘로 감친다(P.79 손잡이 다
　 는 방법 참조).

[본체 no.24, 25 공통]

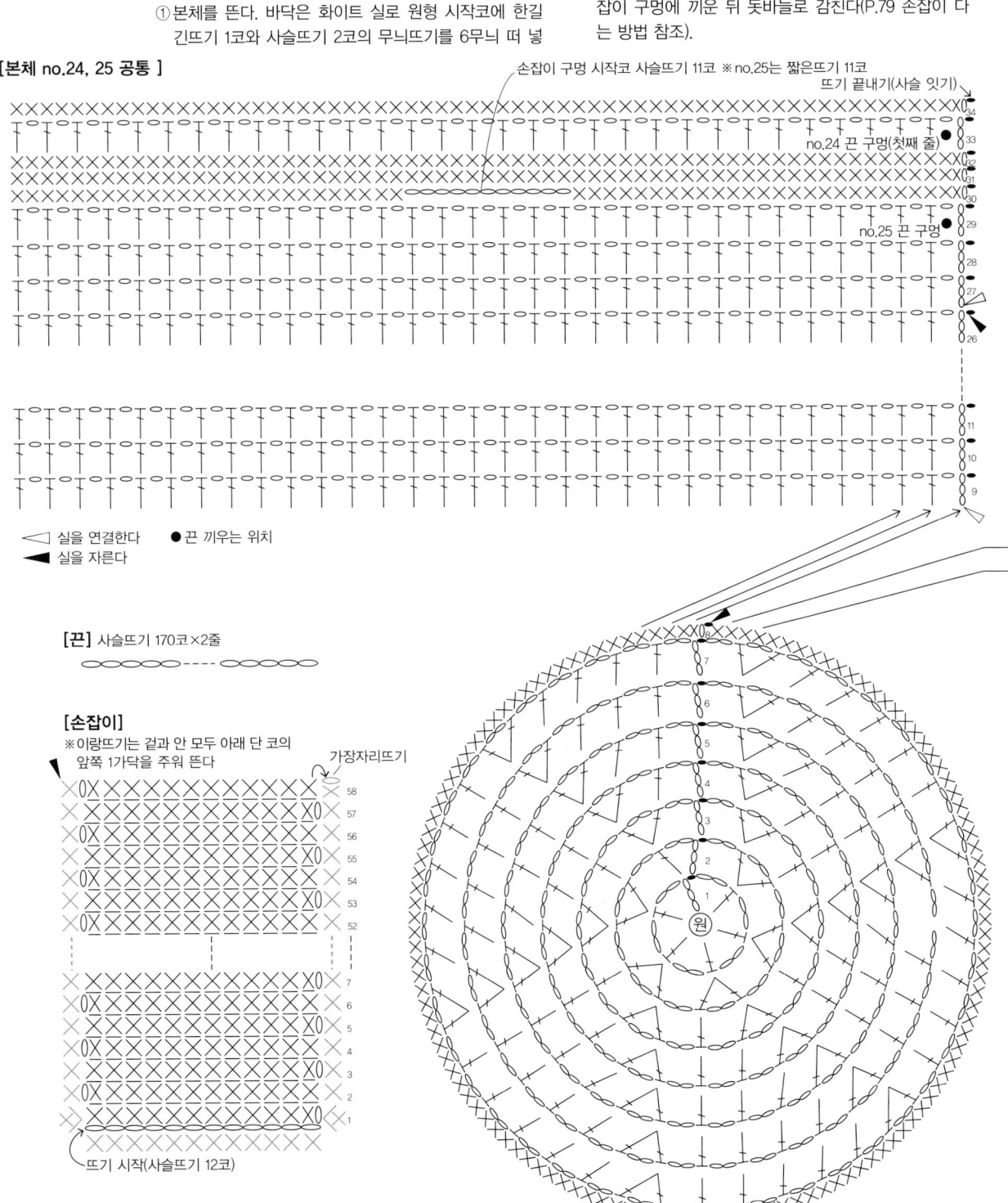

손잡이 구멍 시작코 사슬뜨기 11코 ※no.25는 짧은뜨기 11코
뜨기 끝내기(사슬 잇기)
no.24 끈 구멍(첫째 줄)
no.25 끈 구멍

◁— 실을 연결한다　　●끈 끼우는 위치
◀— 실을 자른다

[끈] 사슬뜨기 170코×2줄

[손잡이]
※이랑뜨기는 겉과 안 모두 아래 단 코의
　앞쪽 1가닥을 주워 뜬다
가장자리뜨기

뜨기 시작(사슬뜨기 12코)

원

78

no.25 버킷형 주머니 백 → P.33

[실] DARUMA Placord 3ply 딥 그린(7) 60g
[바늘] 코바늘 7/0호, 돗바늘
[그 외] 왁스 끈 베이지(지름 2.5mm) 200cm
[게이지] 옆면 무늬뜨기 11무늬 9단 = 10cm
[완성 사이즈] 그림 참조

[만드는 방법]
① 본체를 뜬다. 원형 시작코에 한길긴뜨기 1코와 사슬뜨기 2코의 무늬뜨기를 6무늬 떠 넣고, 코 늘림을 하면서 8단까지 뜬다. 계속해서 34단까지 도안대로 옆면을 뜬다(30단은 모두 짧은뜨기를 한다).
② 끈을 끼운다. 왁스 끈을 29단의 ●부분으로 넣어 끼운 뒤 묶는다(끈 끼우는 방법 참조).

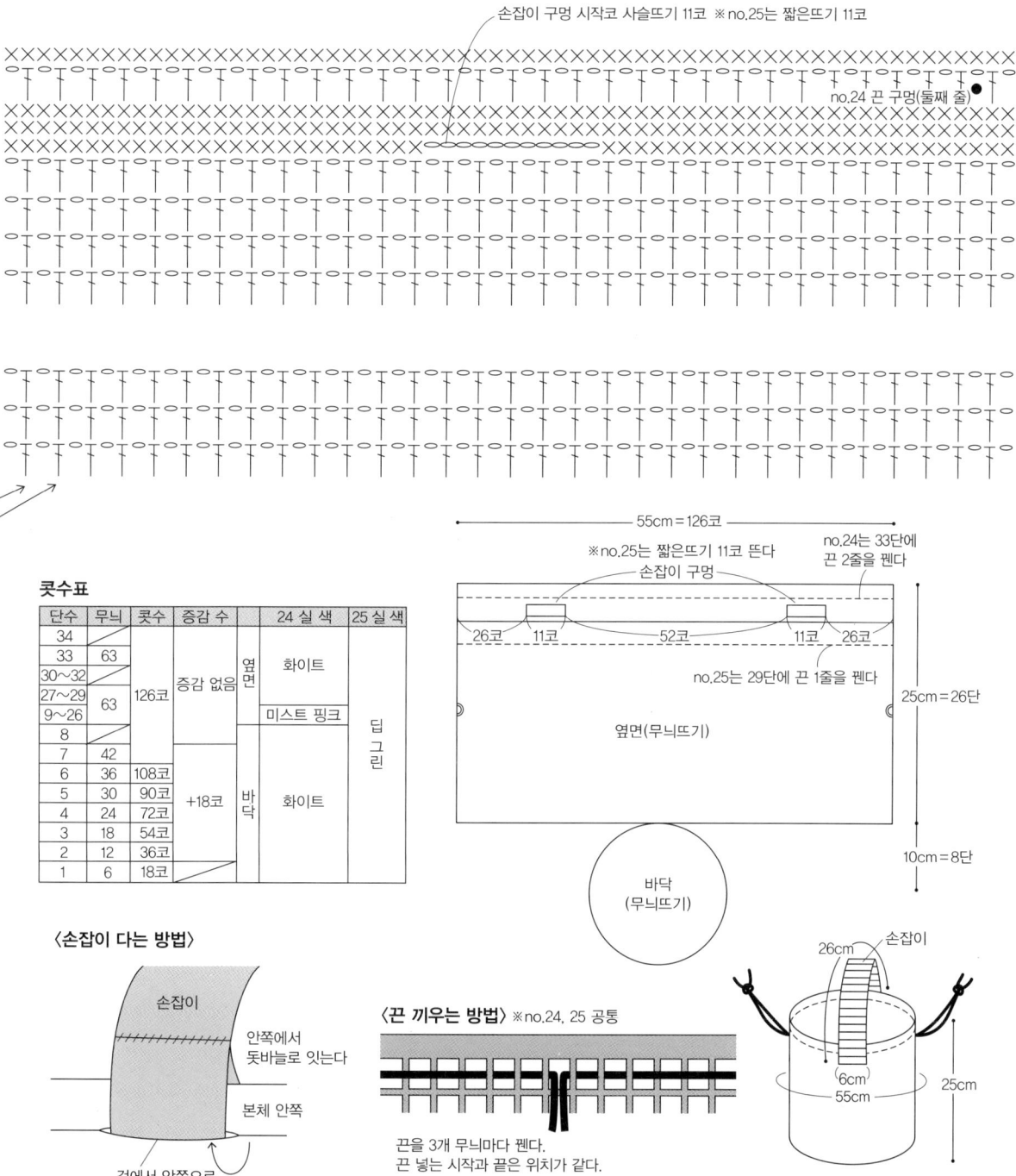

손잡이 구멍 시작코 사슬뜨기 11코 ※no.25는 짧은뜨기 11코

no.24 끈 구멍(둘째 줄)●

콧수표

단수	무늬	콧수	증감 수	24 실 색	25 실 색
34					
33	63			화이트	
30~32		126코	증감 없음		
27~29	63				
9~26				미스트 핑크	딥 그린
8					
7	42				
6	36	108코		화이트	
5	30	90코	+18코		
4	24	72코			
3	18	54코			
2	12	36코			
1	6	18코			

(옆면 / 바닥)

55cm = 126코
※no.25는 짧은뜨기 11코 뜬다
no.24는 33단에 끈 2줄을 꿴다
손잡이 구멍
26코　11코　52코　11코　26코
no.25는 29단에 끈 1줄을 꿴다
옆면(무늬뜨기)
25cm = 26단
10cm = 8단

바닥
(무늬뜨기)

〈손잡이 다는 방법〉
손잡이
안쪽에서 돗바늘로 잇는다
본체 안쪽
겉에서 안쪽으로 손잡이 구멍에 끼운다

〈끈 끼우는 방법〉 ※no.24, 25 공통
끈을 3개 무늬마다 꿴다.
끈 넣는 시작과 끝은 위치가 같다.

26cm 손잡이
(6cm)
55cm
25cm

※no.25는 손잡이 없음.
끈 위치도 아래쪽이고 1줄이다.
위 그림 참조.

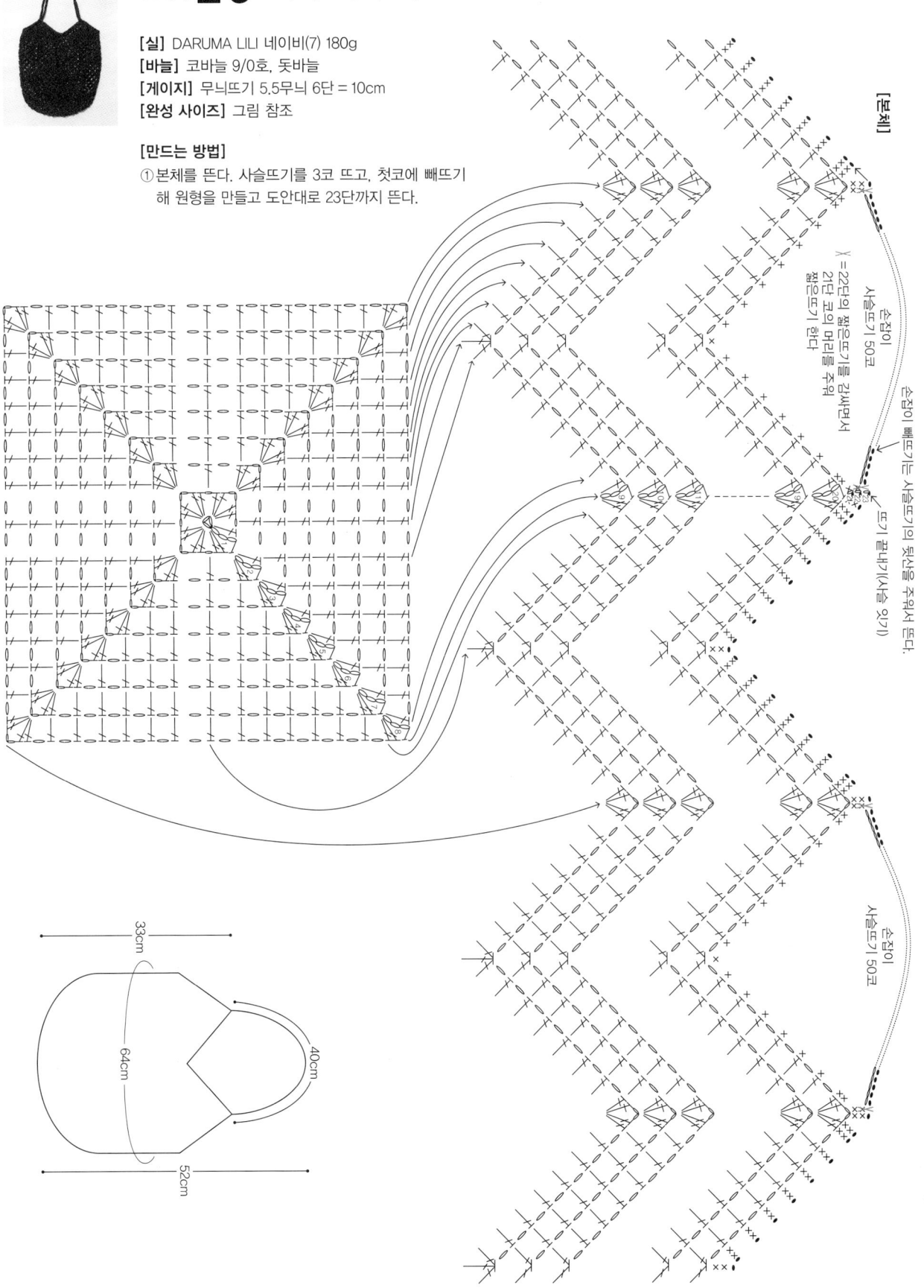

[실] DARUMA LILI 네이비(7) 180g
[바늘] 코바늘 9/0호, 돗바늘
[게이지] 무늬뜨기 5.5무늬 6단 = 10cm
[완성 사이즈] 그림 참조

[만드는 방법]
①본체를 뜬다. 사슬뜨기를 3코 뜨고, 첫코에 빼뜨기
해 원형을 만들고 도안대로 23단까지 뜬다.

[본체]

손잡이
사슬뜨기 50코

X = 22단의 짧은뜨기를 감싸면서
21단 코의 머리를 주워
짧은뜨기 한다

손잡이 빼뜨기는 사슬뜨기의 뒷산을 주워서 뜬다.
뜨기 끝내기(사슬 잇기)

손잡이
사슬뜨기 50코

손잡이
사슬뜨기 50코

33cm

64cm

40cm

52cm

no.29 2색 실로 뜬 백 ➡ P.40

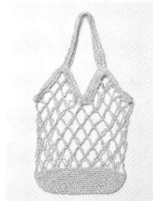

[실] HAMANAKA Flax K 흰색(11) 60g, 베이지(12) 60g
[바늘] 코바늘 8/0호, 돗바늘
[게이지] 짧은뜨기 15코 16단 = 10m
무늬뜨기 2무늬 = 7cm, 3단 = 8cm
[완성 사이즈] 그림 참조

[만드는 방법]
실은 흰색 1가닥, 베이지 1가닥 총 2가닥으로 뜬다.
① 본체를 뜬다. 바닥은 사슬뜨기 24코로 시작코를 만들고, 코 늘림을 하면서 6단까지 뜬다. 계속해서 옆면을 도안대로 19단까지 뜬다.
② 받침을 4곳에 뜬다. 20단은 각 지정 위치에 실을 연결해, 왕복뜨기로 3단 뜬다(A).
③ 손잡이 안쪽을 2곳에 뜬다. 각 지정 위치에 실을 연결해, 왕복뜨기로 3단 뜨고 사슬뜨기 50코로 손잡이를 만든다. 3단의 짧은뜨기에 빼뜨기 한다(B).
④ 입구·손잡이 바깥쪽을 뜬다. 지정 위치에 실을 연결해, 가장자리를 뜬다(C).

[본체]

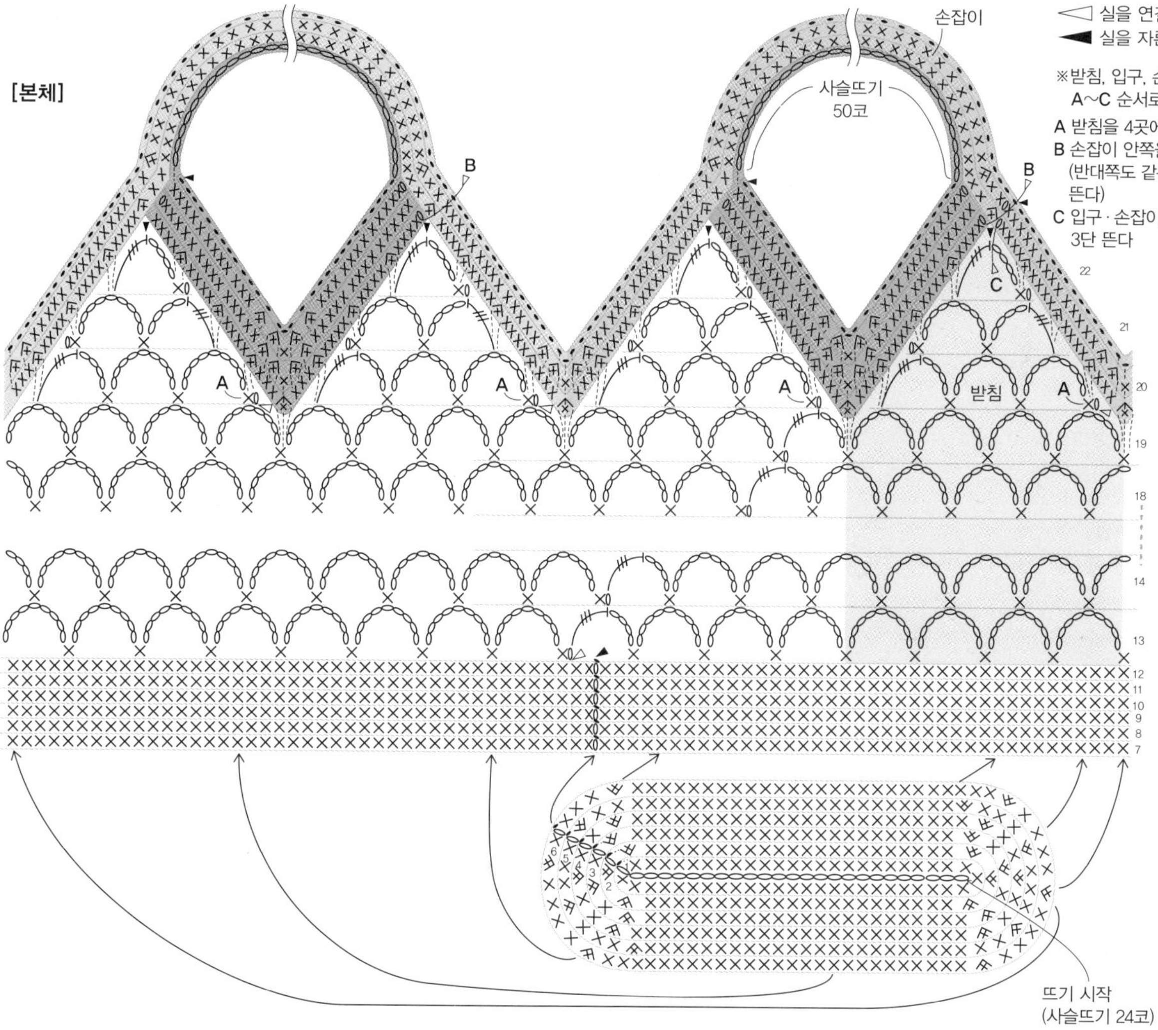
손잡이
사슬뜨기 50코
B
A
C
받침
22
21
20
19
18
14
13
12
11
10
9
8
7
6
5
4
3
2
뜨기 시작
(사슬뜨기 24코)

◁ 실을 연결한다
◀ 실을 자른다

※받침, 입구, 손잡이는 A~C 순서로 뜬다
A 받침을 4곳에 뜬다
B 손잡이 안쪽을 4단 뜬다 (반대쪽도 같은 방법으로 뜬다)
C 입구·손잡이 바깥쪽을 3단 뜬다

콧수표

단수	콧수	증감 수	
7~12	80코	증감 없음	옆면
6	80코	+6코	바닥
5	74코		
4	68코		
3	62코		
2	56코		
1	50코		
시작코 = 사슬뜨기 24코			

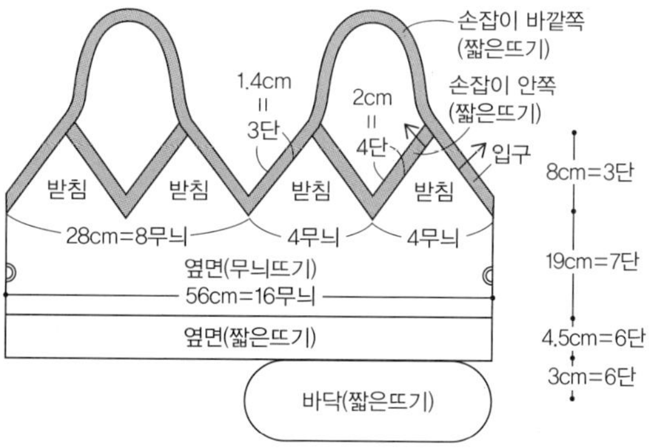
손잡이 바깥쪽
(짧은뜨기)
손잡이 안쪽
(짧은뜨기)
1.4cm
=
3단
2cm
=
4단
입구
받침
받침
받침
받침
28cm=8무늬
4무늬
4무늬
옆면(무늬뜨기)
56cm=16무늬
옆면(짧은뜨기)
바닥(짧은뜨기)
8cm=3단
19cm=7단
4.5cm=6단
3cm=6단

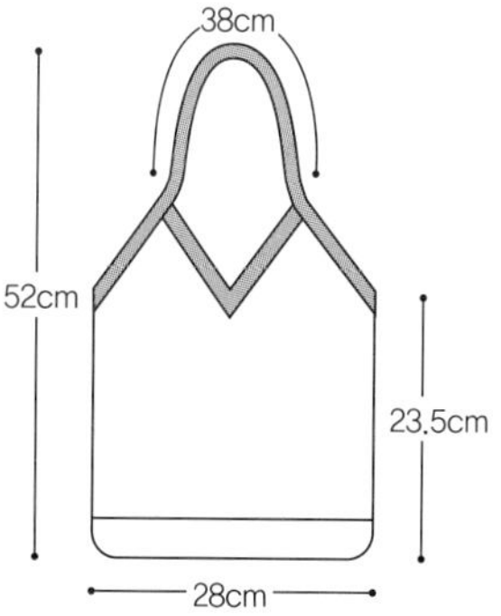
38cm
52cm
23.5cm
28cm

no.27 칠보뜨기 미니 백 → P.36

[실] PUPPY IYOWASHI 실버(708) 60g
[바늘] 코바늘 6/0호, 돗바늘
[게이지] 4무늬 8단 = 10cm
[완성 사이즈] 그림 참조

[만드는 방법]
실은 2가닥으로 뜬다.
① 본체를 뜬다. 사슬뜨기 46코로 시작코를 만들고, 도안대로 16단까지 뜬다(P.83 칠보뜨기 방법 참조). 17단은 각각 실을 연결해 19단까지 뜬다. 실을 연결해 가장자

리뜨기를 한다.
② 손잡이를 뜬다. 사슬뜨기 70코를 (▲)에, 76코를 (△)에, 82코를 (●)에 각각 끼우고, 뜨기 시작 사슬에 빼뜨기를 해서 원형이 되게 한다. 반대쪽 손잡이도 똑같이 한다.
③ 손잡이 커버를 뜬다. 도안대로 2장 뜬다. 실을 40cm 정도 남기고 자른다.
④ 손잡이 커버를 붙인다. ②에서 본체에 연결한 손잡이 3줄을, 본체를 중심으로 반으로 접어 한데 모은 뒤 손잡이 커버로 감싸고 ③의 남은 실로 감침질. 반대쪽도 같은 방법으로 완성한다(P.83 손잡이 커버 다는 방법 참조).

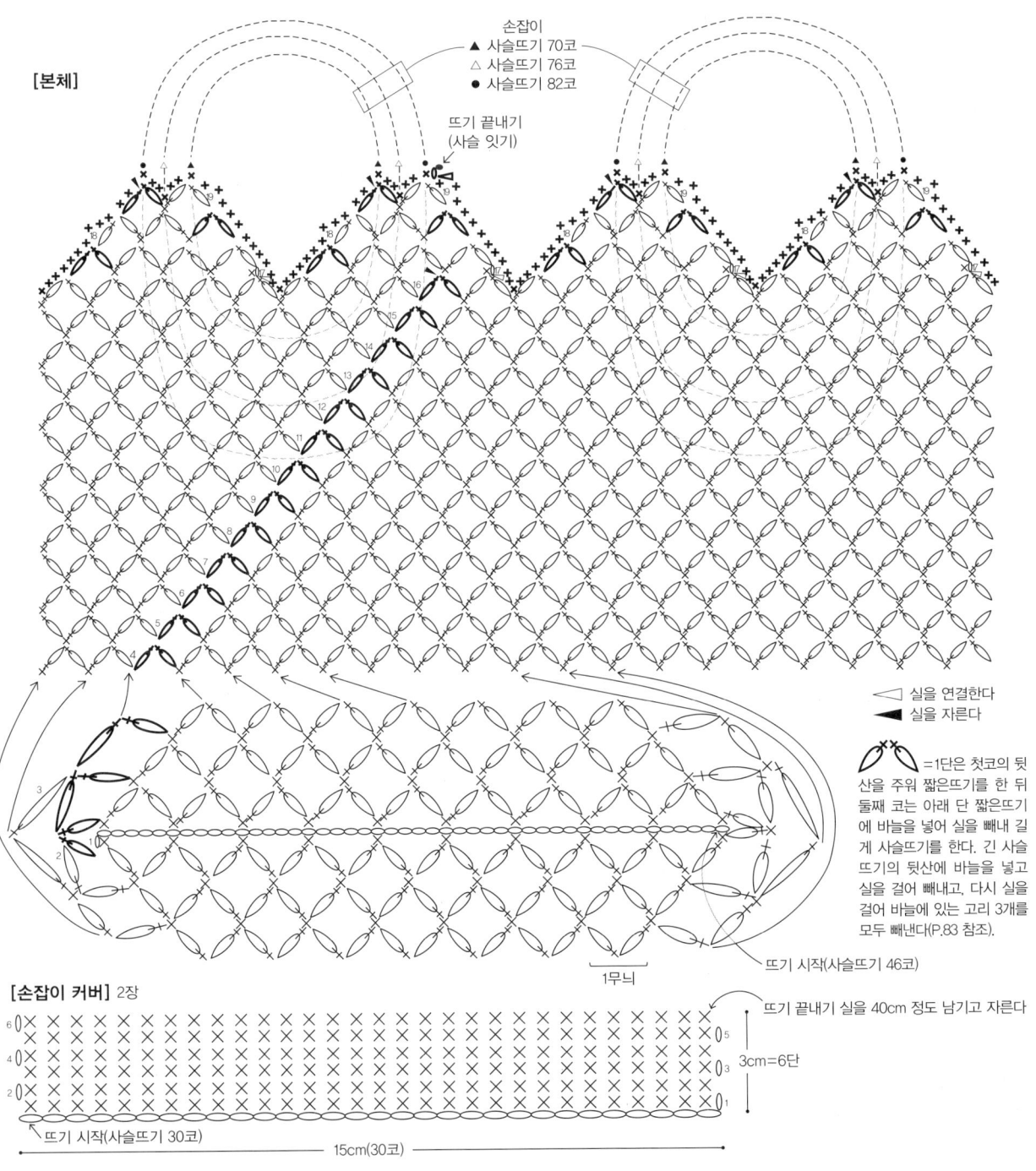

[본체]

손잡이
▲ 사슬뜨기 70코
△ 사슬뜨기 76코
● 사슬뜨기 82코

뜨기 끝내기
(사슬 잇기)

▷ 실을 연결한다
◀ 실을 자른다

=1단은 첫코의 뒷산을 주워 짧은뜨기를 한 뒤 둘째 코는 아래 단 짧은뜨기에 바늘을 넣어 실을 빼내 길게 사슬뜨기를 한다. 긴 사슬뜨기의 뒷산에 바늘을 넣고 실을 걸어 빼내고, 다시 실을 걸어 바늘에 있는 고리 3개를 모두 빼낸다(P.83 참조).

1무늬

뜨기 시작(사슬뜨기 46코)

[손잡이 커버] 2장

뜨기 끝내기 실을 40cm 정도 남기고 자른다

3cm=6단

뜨기 시작(사슬뜨기 30코)
15cm(30코)

〈칠보뜨기 방법〉

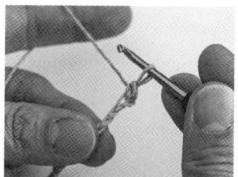

① 시작코 46코를 뜨고, 기둥코의 사슬뜨기와 짧은뜨기 1코를 뜬다.

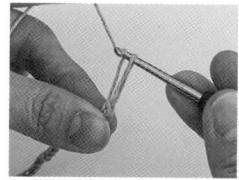

② 그대로 1.5cm 정도 코를 늘려, 바늘에 실을 걸어 당겨 길게 사슬뜨기 한다.

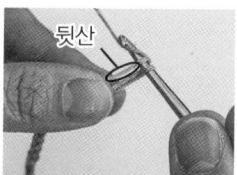

③ 긴 사슬뜨기의 뒷산에 바늘을 넣고, 실을 걸어 빼낸다.

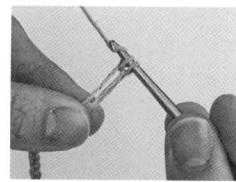

④ 다시 실을 걸고, 바늘에 있는 2개 고리를 빼낸다.

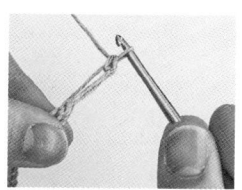

⑤ 뒷산을 주운 짧은뜨기를 완성했다.

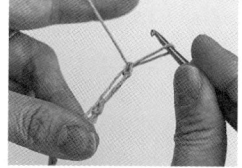

⑥ 그대로 1.5cm 정도 코를 늘려 ②~⑤를 반복한다.

⑦ 시작코의 41코에 짧은뜨기를 한다. 시작코의 첫코에 짧은뜨기를 할 때까지 ②~⑦을 반복.

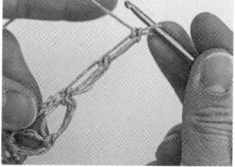

⑧ 다시 ②~⑥을 반복한다.

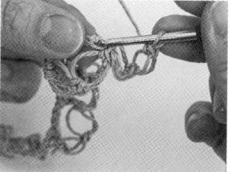

⑨ 시작코의 첫코에 짧은뜨기를 한다. 시작코의 반대쪽을 주우면서 ②~⑦을 반복해, 시작코의 46코까지 뜬다.

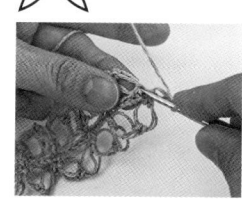

⑩ 다시 ②~⑤를 반복하고, 첫코의 뒷산을 주워 짧은뜨기를 1코 뜨면, ①의 짧은뜨기 머리에 바늘을 넣는다.

⑪ 실을 걸고 그대로 1.5cm 정도 빼내어, 길게 사슬뜨기를 뜬다.

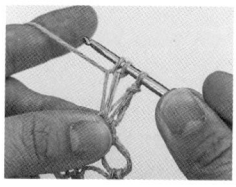

⑫ 긴 사슬뜨기 뒷산에 바늘을 넣고 실을 걸어 빼내고, 다시 실을 걸어 바늘에 있는 3개 고리를 모두 빼낸다.

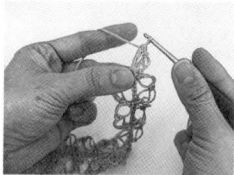

⑬ 1단을 뜬 모습.

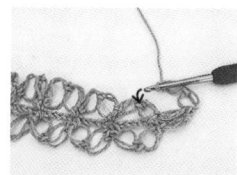

⑭ 2단은 ②~⑥을 반복하고, 1단의 뒷산을 주운 짧은뜨기의 머리에 바늘을 넣어 짧은뜨기를 뜬다.

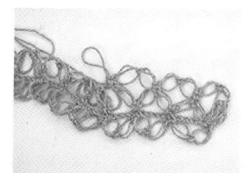

칠보뜨기를 완성한 모습.

〈손잡이 커버 다는 방법〉

사슬뜨기의 손잡이 3줄을 본체를 중심으로 반으로 접어 한데 모은 뒤 손잡이 커버로 감싼다. 손잡이 커버에서 남겨둔 실로, 시작코의 사슬 반코와 6단 코 머리를 주워 감침질로 연결한다.

사슬뜨기 6줄을 손잡이 커버로 감싼다

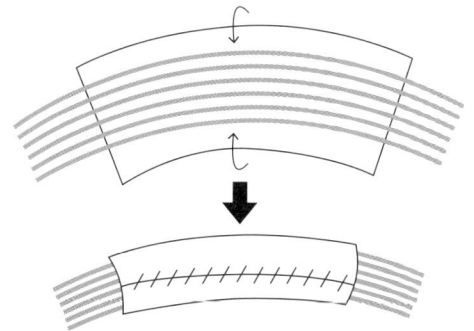

뜨기 끝내기의 남은 실로 시작코의 사슬 반코와 6단 코 머리를 주워 감쳐서 연결한다

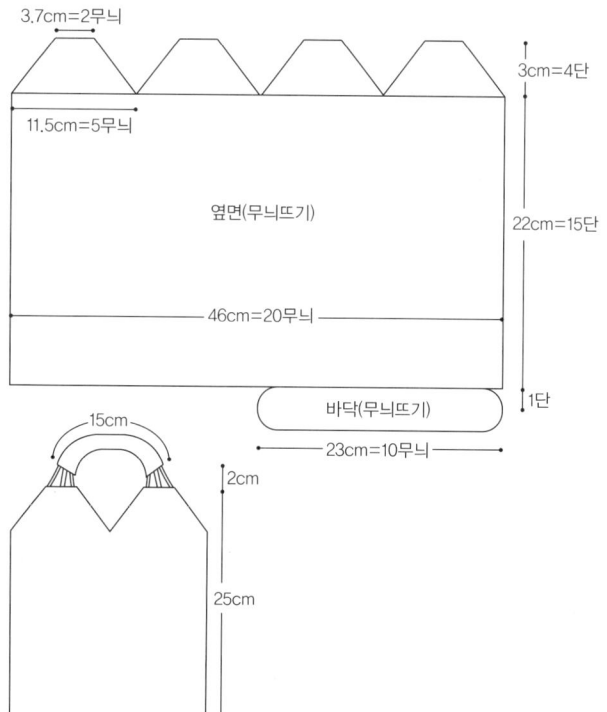

3.7cm=2무늬

3cm=4단

11.5cm=5무늬

옆면(무늬뜨기)

22cm=15단

46cm=20무늬

바닥(무늬뜨기)

1단

15cm

2cm

23cm=10무늬

25cm

23cm

no.28 다이아 무늬 버킷형 백 ➡ P.38

[실] DARUMA Stripes 네이비(7) 60g
[바늘] 코바늘 7/0호, 돗바늘
[그 외] 바구니(지름 18cm×높이 18cm)
[게이지] 무늬뜨기 3무늬 5단 = 10cm
[완성 사이즈] 그림 참조

[만드는 방법]
①본체를 뜬다. 사슬뜨기를 6코 뜨고, 첫코에 빼뜨기 해 원형을 만든다. 18코를 떠 넣고, 코 늘림을 하면서 17단까지 뜬다.
②손잡이를 뜬다. 1줄은 본체 뜨기 끝내기에 이어서 뜨고, 나머지는 도안대로 연결해 뜬다.
③손잡이 커버를 단다. 손잡이 커버를 떠서, 손잡이 5줄을 모아서 감싼 뒤 짧은뜨기로 연결한다. 반대쪽도 같은 방법으로 붙인다(P.85 손잡이 커버 다는 방법 참조).

[본체]

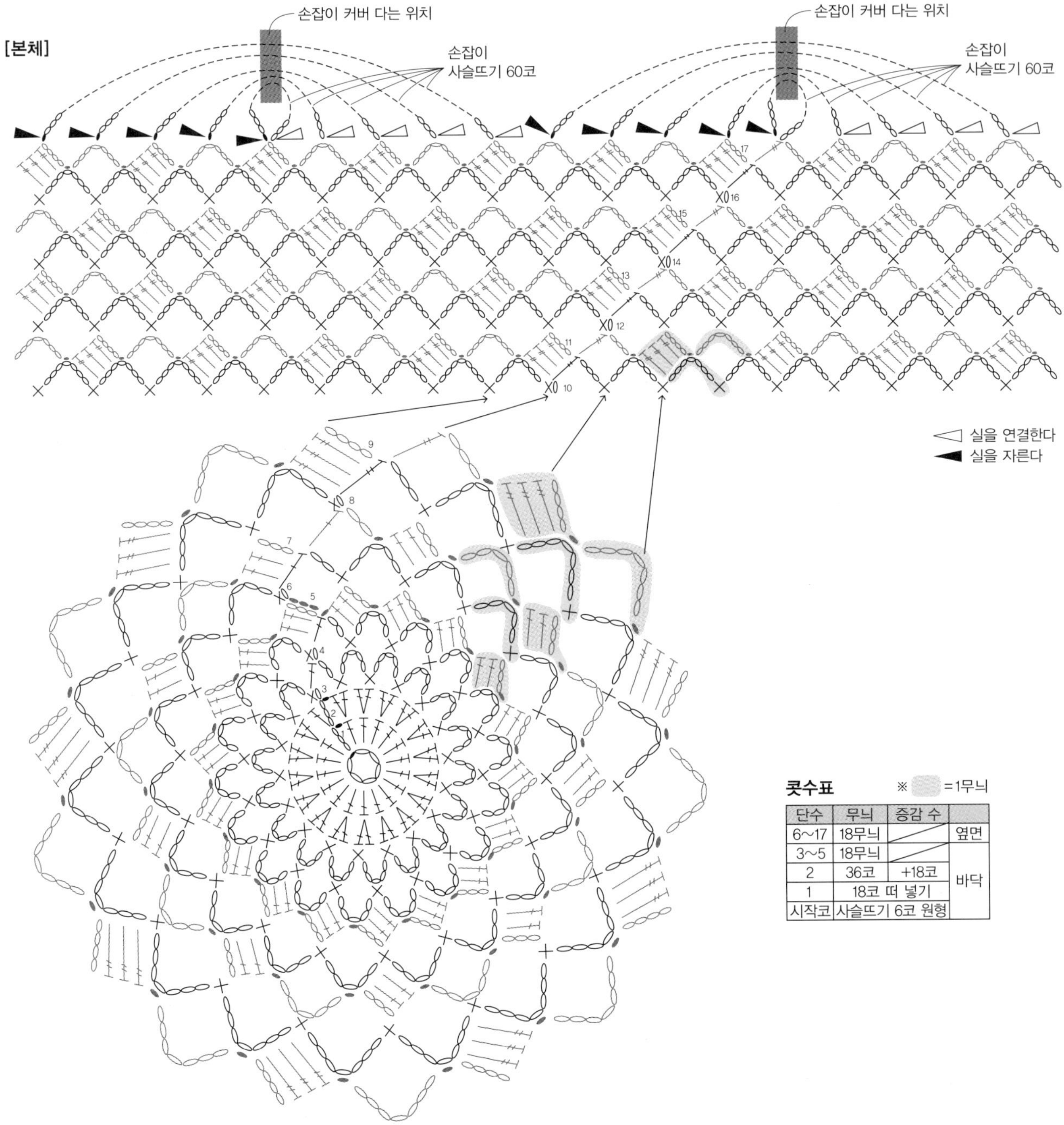

손잡이 커버 다는 위치

손잡이 사슬뜨기 60코

◁ 실을 연결한다
◀ 실을 자른다

콧수표   ※ ▨=1무늬

단수	무늬	증감 수	
6~17	18무늬		옆면
3~5	18무늬		
2	36코	+18코	바닥
1	18코 떠 넣기		
시작코	사슬뜨기 6코 원형		

[손잡이 커버] 2장

뜨기 끝내기
실을 끊지
말고 쉬게 둔다

25
24
23
22
21
20

6
5
4
3
2
1

뜨기 시작(사슬뜨기 6코)

손잡이
커버
(짧은뜨기)

14cm

← 3.5cm →

〈손잡이 커버 다는 방법〉

손잡이 커버를 세로로 반으로 접고, 손잡이
5줄을 모아서 감싼다. 손잡이 커버의 단 끝
과 끝끼리 짧은뜨기로 엮는다.

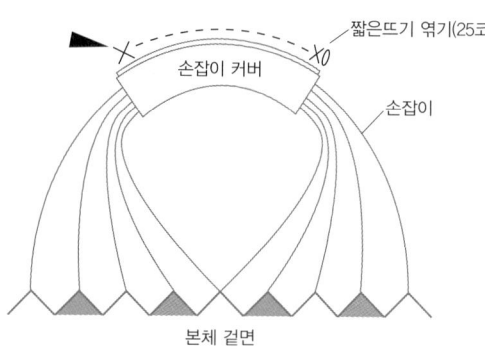

짧은뜨기 엮기(25코)

손잡이 커버

손잡이

본체 겉면

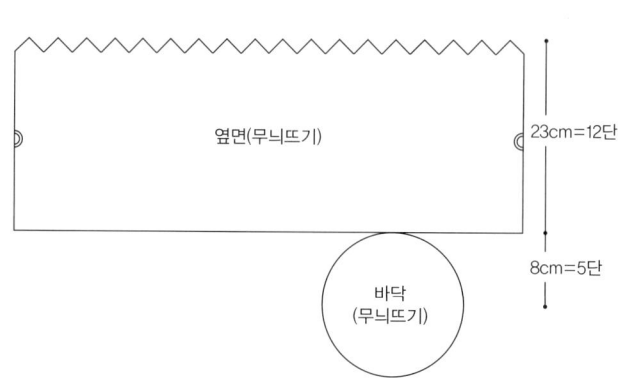

옆면(무늬뜨기)

23cm=12단

8cm=5단

바닥
(무늬뜨기)

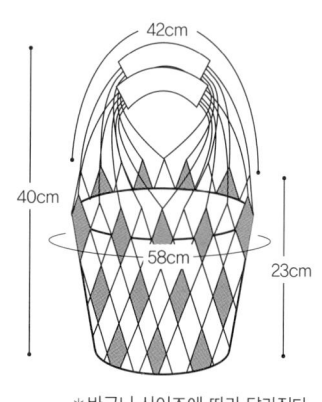

42cm

40cm

58cm

23cm

＊바구니 사이즈에 따라 달라진다

85

no.30 비즈 달린 보자기 가방 ➡ P.41

[실] DARUMA GIMA 옐로(4) 180g
[바늘] 코바늘 8/0호, 돗바늘
[그 외] 우드 비즈(TOHO) 원색 : R8-6(8mm) 77개,
옐로 : R8-5(8mm) 70개
[게이지] 세로 5무늬 가로 5무늬 = 10cm
[완성 사이즈] 그림 참조

[만드는 방법]

※ 뜨개 시작 전에 실에 우드 비즈를 꿴다. 우선 실 1타래에 원색 7개, 옐로 7개 순서로 35개를 꿴다. 2번째 타래 이후는 번갈아서 비즈가 7개씩 나오도록 꿴다.

① 본체를 뜬다. 사슬뜨기 43코로 시작코를 만들고, 비즈를 넣어 83단까지 뜬다(우드 비즈 넣어 뜨는 방법 참조).

② 비즈 면을 바깥쪽으로 해서 접고, 맞닿는 변을 감침질한다(본체 만드는 방법 참조).

③ 손잡이를 뜬다. 본체에 실을 잇고, 도안대로 2줄 뜬다.

④ 가장자리를 뜬다. 실을 잇고, 도안대로 한 바퀴 빙 둘러 뜬다.

[본체]

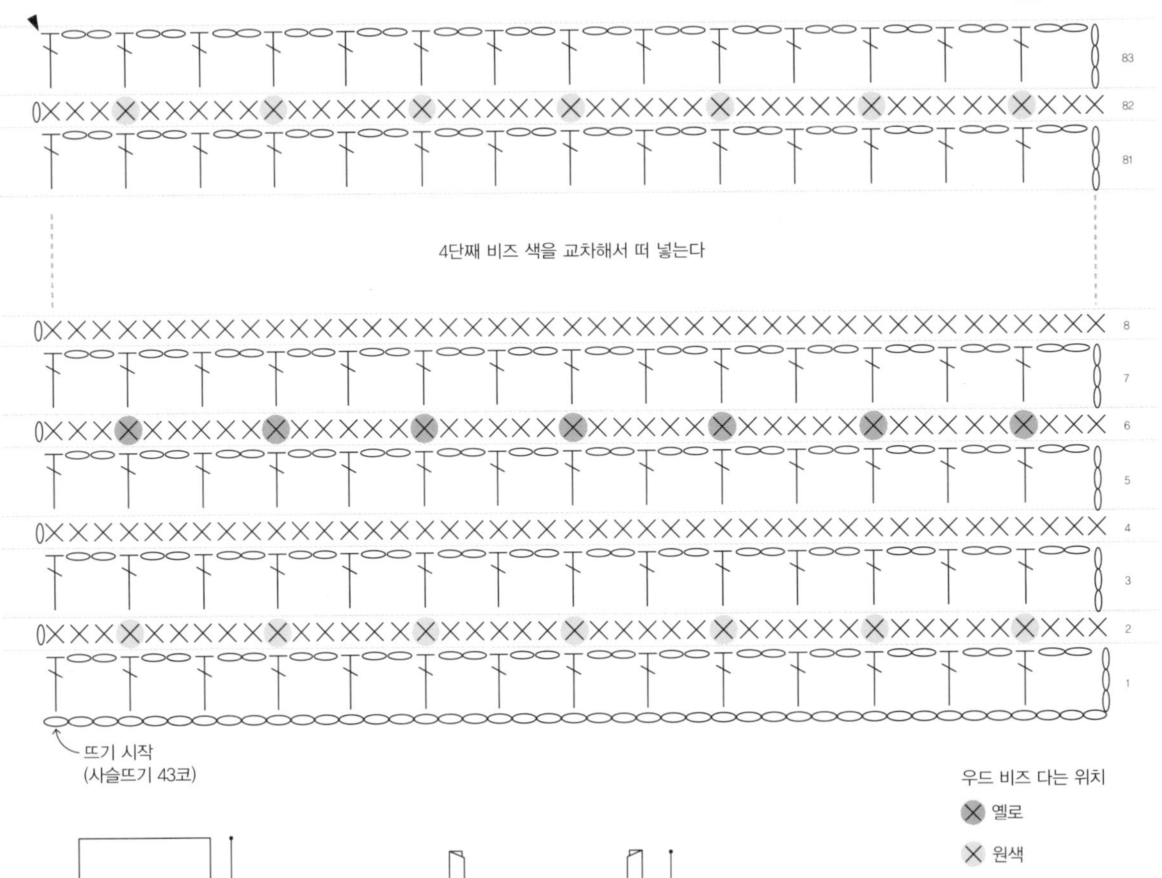
실을 자른다
83
82
81
4단째 비즈 색을 교차해서 떠 넣는다
8
7
6
5
4
3
2
1
뜨기 시작
(사슬뜨기 43코)
우드 비즈 다는 위치
옐로
원색

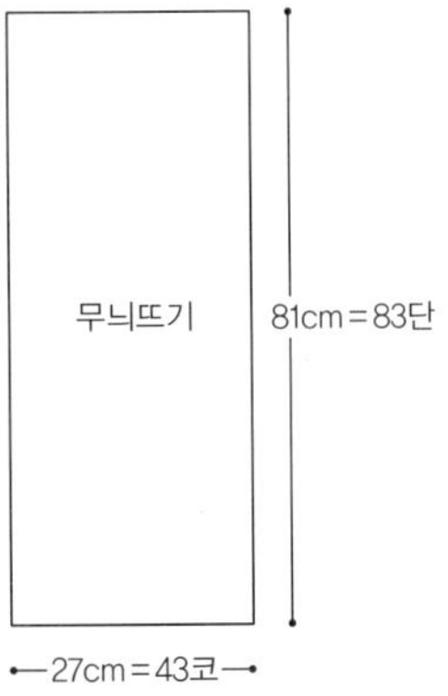
무늬뜨기
81cm = 83단
27cm = 43코

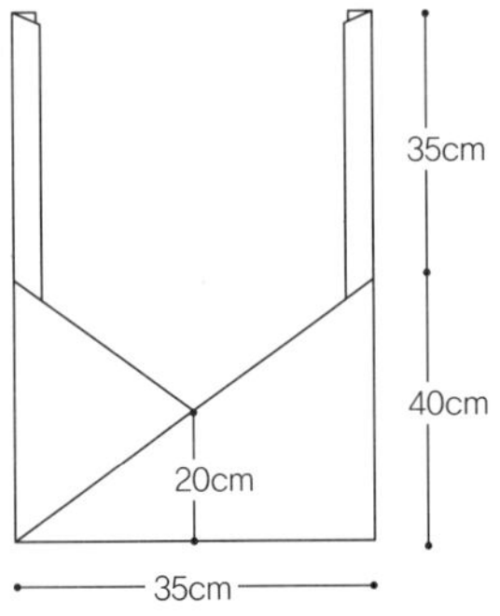
35cm
40cm
20cm
35cm

〈우드 비즈 넣어 뜨는 방법〉

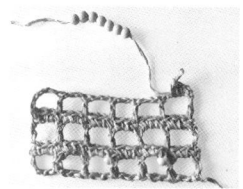   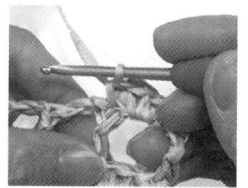 

①실에 비즈를 꿰고 비즈를 넣기 전의 코까지 뜬다.

②비즈를 1개 뜨개코로 이동한다(처음 것은 원색).

③비즈를 안쪽에 두고 짧은 뜨기를 한다.

④짧은뜨기를 한 모습. 비즈는 안쪽에 둔다.

안쪽에서 본 모습.

[손잡이]

[가장자리]

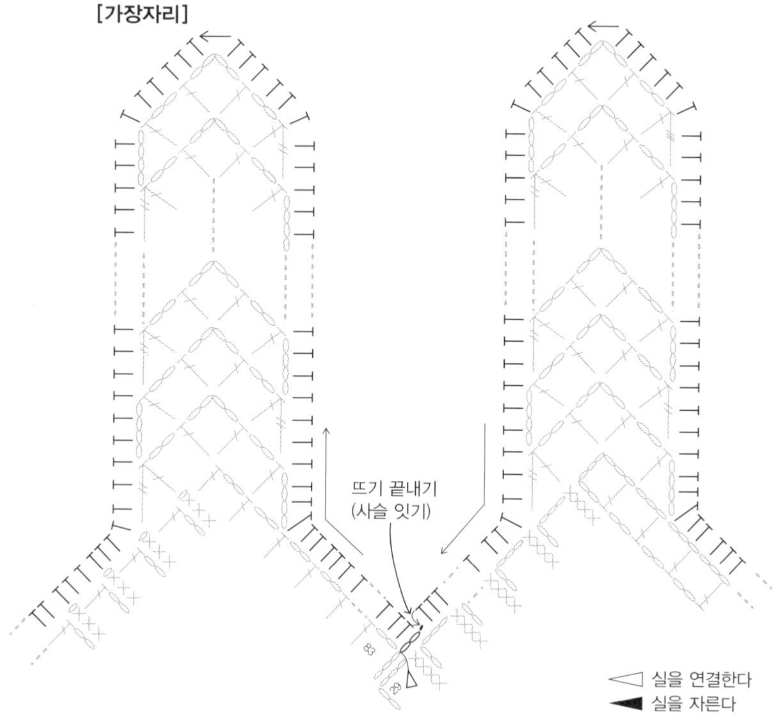

뜨기 끝내기 (사슬 잇기)

◁ 실을 연결한다
◀ 실을 자른다

〈본체 만드는 방법〉

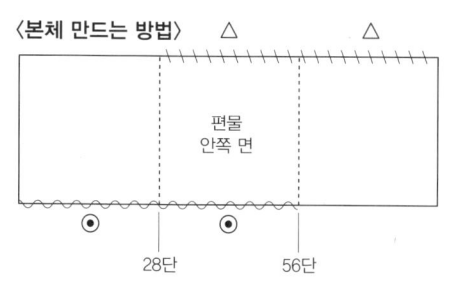

편물 안쪽 면

28단 56단

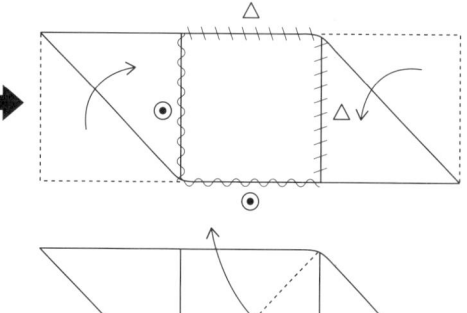

①우드 비즈가 겉면으로 오게 해서 가로로 두고, 양옆 1/3을 접는다.

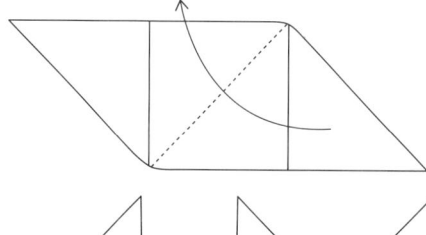

②점선에 따라 화살표 방향으로 점선이 안으로 오게 접는다.

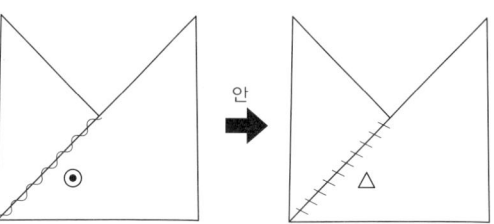

안

③겹쳐진 ⊙, △를 각각 돗바늘로 감침질한다.

87

no.31 바구니 백 → P.42

[실] DARUMA GIMA 라이트 브라운(2) 150g
[바늘] 코바늘 7.5/0호, 8/0호, 돗바늘
[게이지] 무늬뜨기 가로 5.5무늬 세로 12단 = 10cm
　　　　 짧은뜨기 16코 20단 = 10cm
[완성 사이즈] 그림 참조

[만드는 방법]
① 8/0호 바늘로 본체를 뜬다. 원형 시작코를 만들어 14코 떠 넣는다. 11단에서 7무늬마다 1무늬 늘린다. 이어서 31단까지 뜬다.
② 7.5/0호 바늘로 52단까지 손잡이를 뜬다.
③ 손잡이를 43단 이랑뜨기 부분에서 안쪽으로 접어 두 겹으로 해서 52단과 31단을 돗바늘로 감친다. 손잡이 구멍을 잘 맞춰 돗바늘로 주위를 홈질한다.

콧수표

단수	콧수	증감 수		바늘
32~52	96코		손잡이	7.5/0호
12~31	32무늬	증감 없음	옆면	8/0호
11	32무늬	+4무늬	옆면	8/0호
3~10	28무늬		8/0호	
2	28코	+14코	바닥	
1	14코 떠 넣기		바닥	

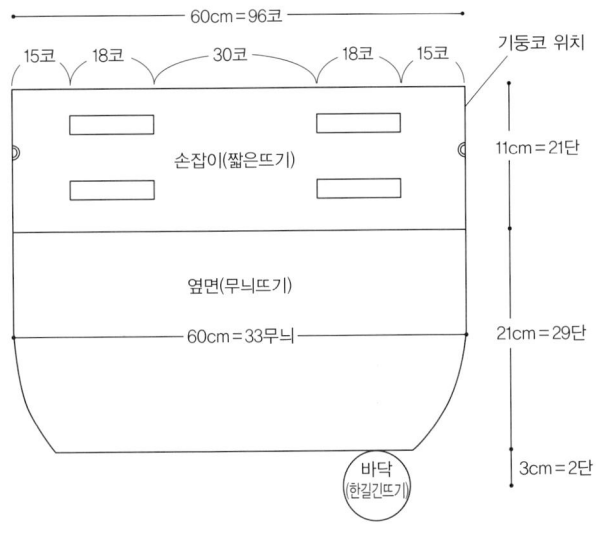

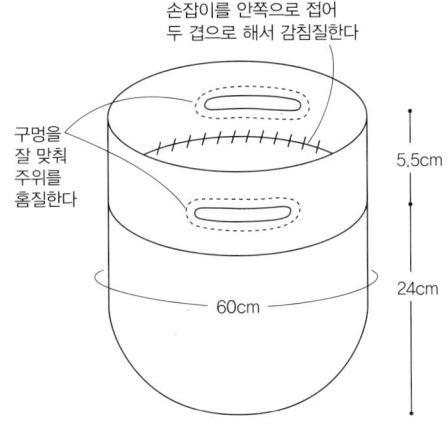

[본체]

반으로 접어 손잡이 구멍을 잘 맞춰
가장자리를 빙 둘러 한 바퀴 꿰맨다

뜨기 끝내기
(사슬 잇기)

손잡이(7.5 / 0호 바늘)

입구·접는 선

12단과 똑같이 반복해서 뜬다

6단과 똑같이 반복해서 뜬다

바닥·옆면(8 / 0호 바늘)

no.32 미니 쇼핑백 → P.44

[실] PUPPY Pima Denim 인디고(111) 120g
[바늘] 코바늘 7/0호, 돗바늘
[게이지] 세로 5.5무늬 가로 5무늬 = 10cm
[완성 사이즈] 그림 참조

[만드는 방법]
실은 2가닥으로 뜬다.
①본체를 뜬다. 사슬뜨기 50코로 시작코를 만들고, 도안
   대로 30단까지 뜬다.
②손잡이를 뜬다. 1줄은 본체에 이어서 뜬다. 도안의 지정
   위치에 실을 연결해 다른 1줄도 뜬다.
③손잡이를 본체의 반대쪽에 감침질해 붙인다.

[본체]

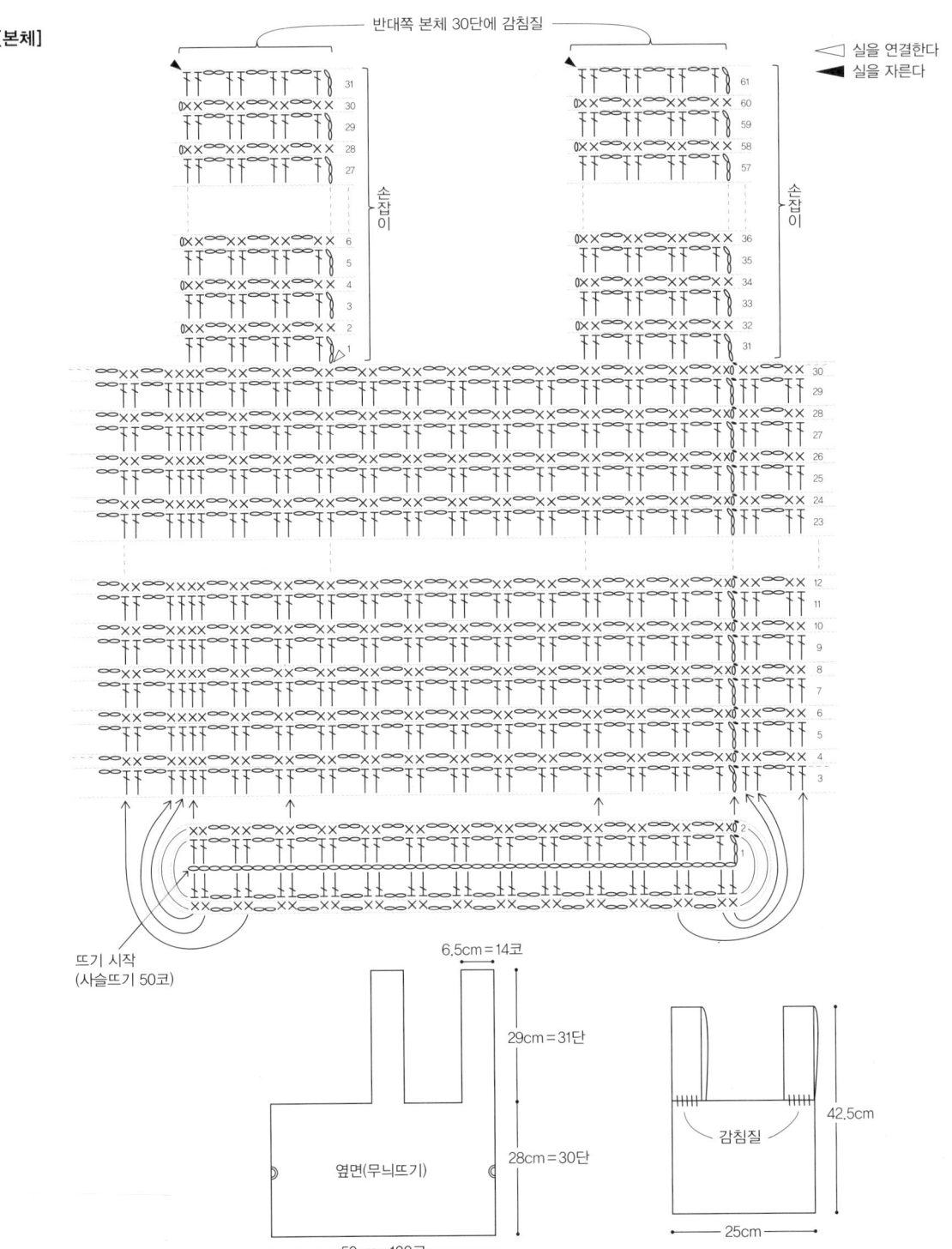

no.33 배낭형 숄더백 → P.46

[실] DARUMA Yumeiromomen 겨자색(10) 190g
[바늘] 코바늘 9/0호, 돗바늘, 재봉 바늘
[그 외] 인조가죽 원단 갈색(8cm×3cm), 재봉실 약간
[게이지] 무늬뜨기 2.5무늬 5단 = 10cm
[완성 사이즈] 그림 참조

[만드는 방법]
① 본체를 뜬다. 사슬뜨기 80코로 원형 시작코를 만들고,
  무늬뜨기로 18단까지 뜬다.
② 프린지를 만든다. 40cm로 자른 실을 32가닥 준비하고,
  도안의 지정 위치에 2가닥씩 프린지를 단다(P.92 프린
  지 만드는 방법 참조).
③ 끈을 뜬다(P.92 끈 만드는 방법 참조).
④ 배낭을 조립해 마무리한다(P.92 배낭 조립 방법 참조).

[본체]

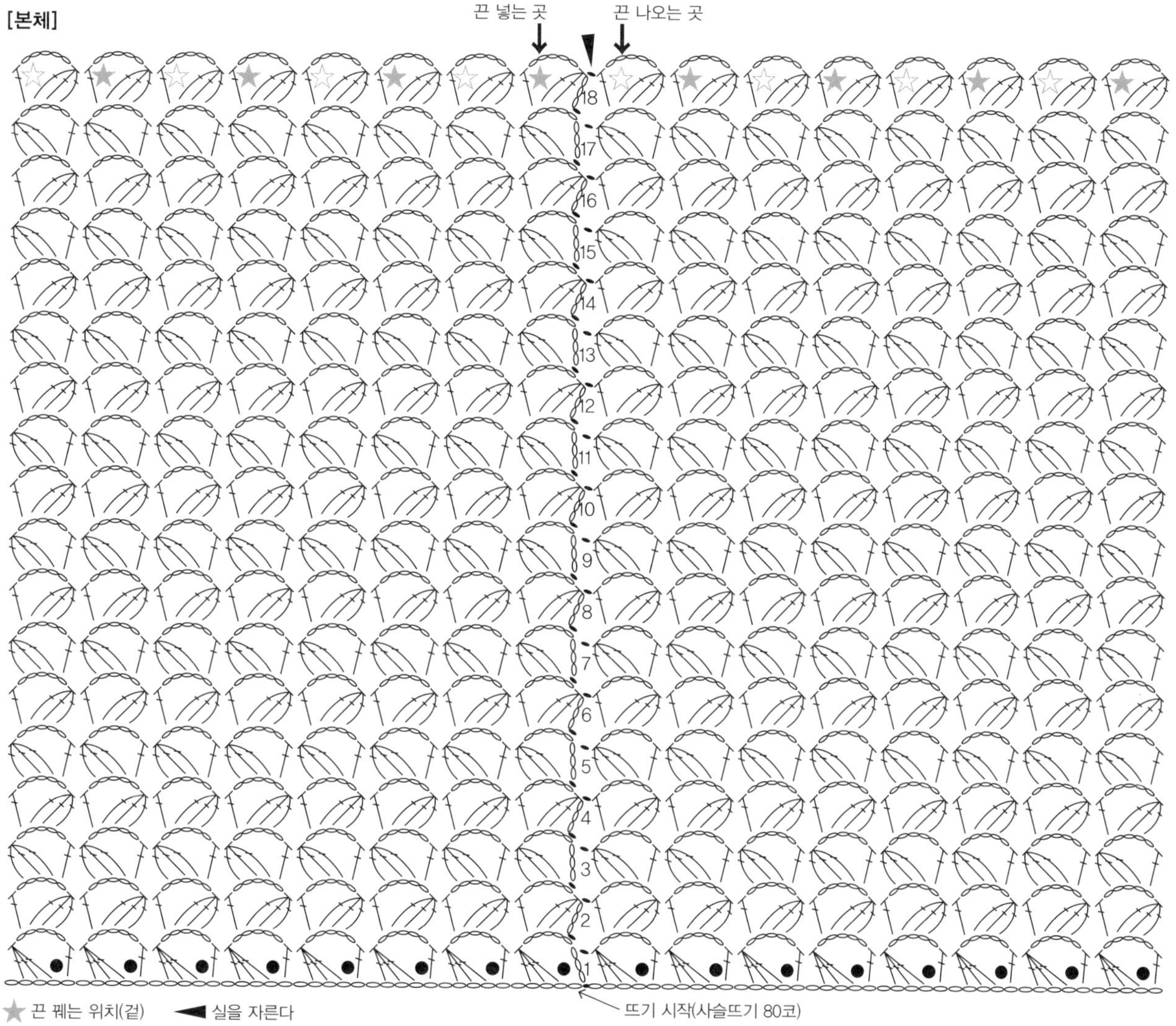

끈 넣는 곳   끈 나오는 곳

18
17
16
15
14
13
12
11
10
9
8
7
6
5
4
3
2

뜨기 시작(사슬뜨기 80코)

 끈 꿰는 위치(겉)　◀ 실을 자른다
 끈 꿰는 위치(안)
 ● 프린지 위치(2가닥)

＝1단은 한길긴뜨기 1코, 사슬뜨기 5코를 뜬다.
  한길긴뜨기 3코 모아뜨기를 뜬다.

＝짝수 단은 한길긴뜨기 3코 구슬뜨기(다발에 뜬다)를 1코 뜨고,
  사슬뜨기 5코를 뜬다. 한길긴뜨기 1코를 다발에 뜬다.

＝홀수 단은 한길긴뜨기 1코를 다발에 뜨고, 사슬뜨기 5코를 뜬다.
  한길긴뜨기 3코 구슬뜨기(다발에 뜬다)를 1코 뜬다.

〈프린지 만드는 방법〉

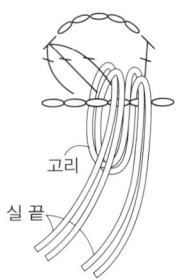

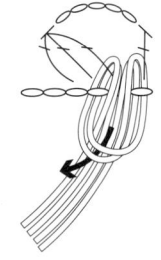

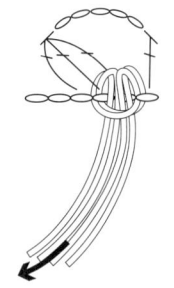

①40cm로 자른 실을 2가 닥 잡아 반으로 접는다. ● 위치에 편물의 겉에서 고리 쪽을 끼운다.

②모든 실 끝을 고리 안으로 통과시킨다.

③실 끝을 화살표 방향으로 당긴다.

〈끈 만드는 방법〉

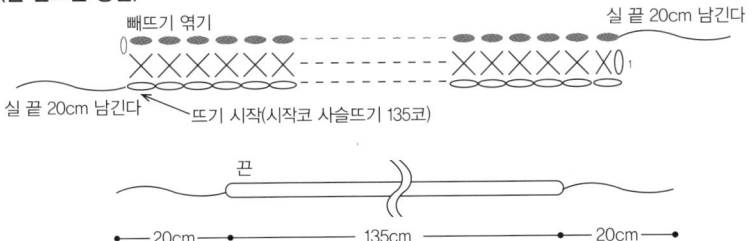

①실 끝을 20cm 정도 남기고, 사슬뜨기 135 코로 시작코를 만든다. 위쪽 반코를 주워 짧은뜨기를 뜬다.

②안으로 뒤집어 짧은뜨기 머리와 시작코의 사슬뜨기 아래 반코에 같이 바늘을 넣어 빼뜨기 엮기를 한다(빼뜨기 엮기 참조).

③실 끝을 20cm 정도 남기고 자른다.

〈빼뜨기 엮기〉

①1단까지 뜨면 안으로 뒤집어, 기둥코 사슬뜨기 1코를 뜬다.

②아래 단의 짧은뜨기 머리와 시작 코 사슬뜨기의 남은 반코에 바늘을 넣는다.

③바늘에 실을 걸어 빼뜨기를 1코 뜬다. ②~③을 반복한다.

〈배낭 조립 방법〉

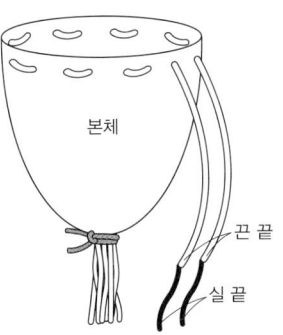

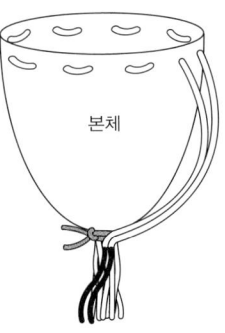

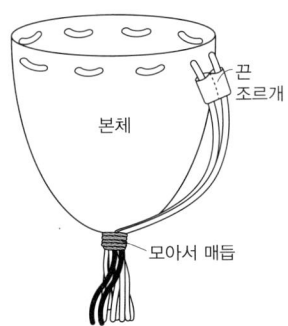

①본체에 단 프린지를 모아 다른 실로 묶어 고정한다.

②도안(P.91)의 ☆, ★ 위치에 끈을 끼운다.

③끈 끝을 1cm 정도 프린지 밑동에 맞춘다.

④①의 실과 프린지 밑동, 끈 끝을 모아 정리(P.93 묶음 매듭 방법 참조). 끈 조르개(P.93 끈 조르개 만드는 방법 참조)도 단다.

〈묶음 매듭 방법〉

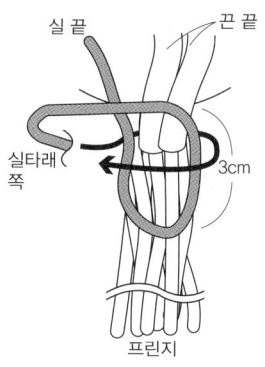

실 끝
끈 끝
실타래
쪽
3cm
프린지

①다른 실을 그림처럼 두고, 실타래 쪽 실을 화살표 방향으로 프린지 위쪽에서 아래쪽으로 단단히 감는다.

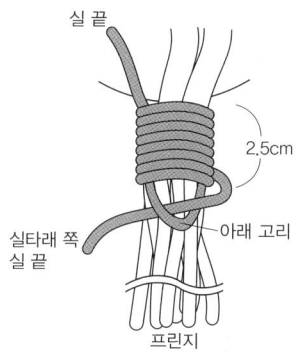

실 끝
2.5cm
실타래 쪽
실 끝
아래 고리
프린지

②2.5cm 정도 감고, 실타래 쪽 실을 5cm 정도 남기고 자른다. 아래 고리에 실타래 쪽 실 끝을 위에서 넣는다.

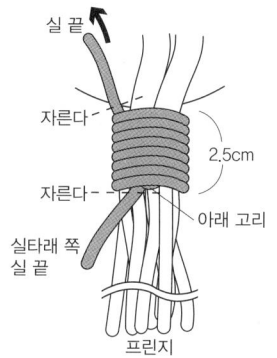

실 끝
자른다
2.5cm
자른다
아래 고리
실타래 쪽
실 끝
프린지

③실 끝을 화살표 방향으로 당겨, 아래 고리와 감은 실이 안에 들어가 고정되면 양쪽 실 끝을 잘라 정리한다.

〈끈 조르개 만드는 방법〉

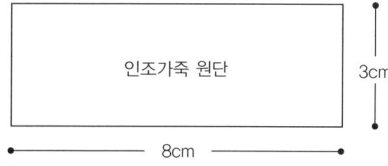

인조가죽 원단
3cm
8cm

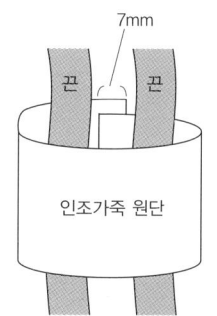

7mm
끈
끈
인조가죽 원단

①끈을 본체에 끼운 뒤 인조가죽을 위로 감는다.

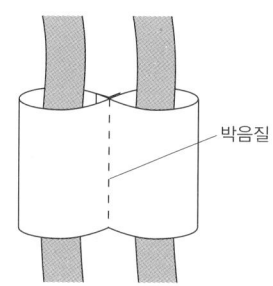

박음질

②재봉 바늘에 재봉실을 꿰어 중앙의 겹쳐진 원단 3장을 박음질한다.

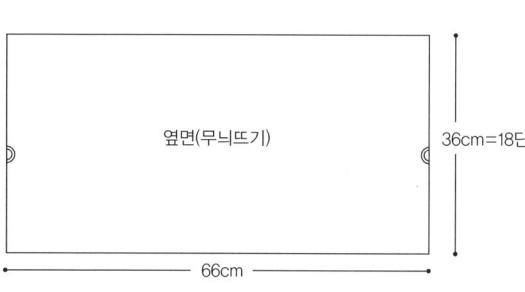

옆면(무늬뜨기)
36cm=18단
66cm

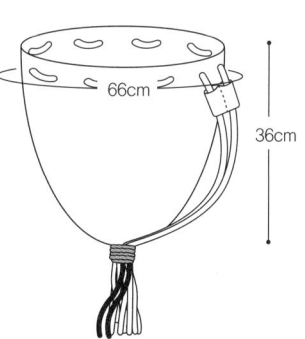

66cm
36cm

사슬뜨기 바늘에 실을 감은 뒤, 실을 걸어 빼낸다.

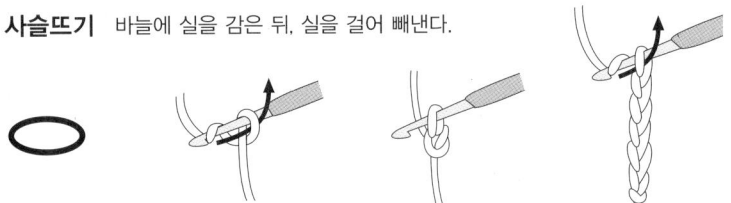

빼뜨기 아래 단의 코에 바늘을 넣고, 실을 걸어 빼낸다.

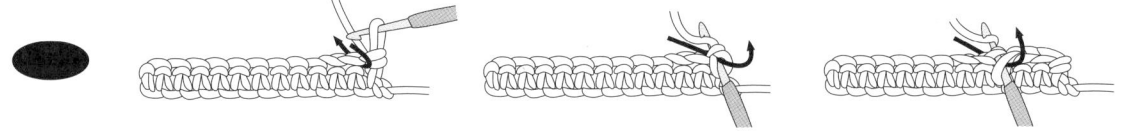

짧은뜨기 기둥코인 사슬 1코는 콧수에 넣지 않고, 위쪽 반코에 바늘을 넣어 실을 빼내고, 실을 걸어 고리 2개를 빼낸다.

이랑뜨기 아래 단의 뒤쪽 반코에 바늘을 넣어 짧은뜨기.

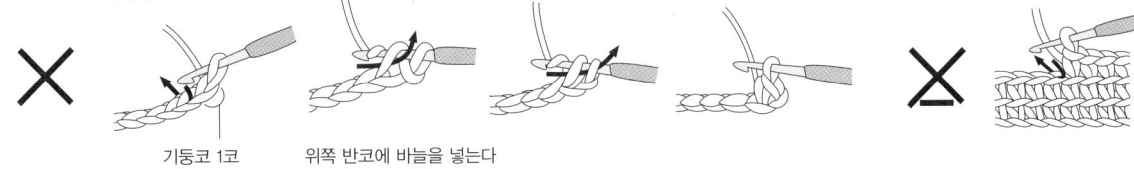

기둥코 1코　위쪽 반코에 바늘을 넣는다

짧은뜨기 2코 늘려뜨기 같은 코에 짧은뜨기를 2코 뜬다.

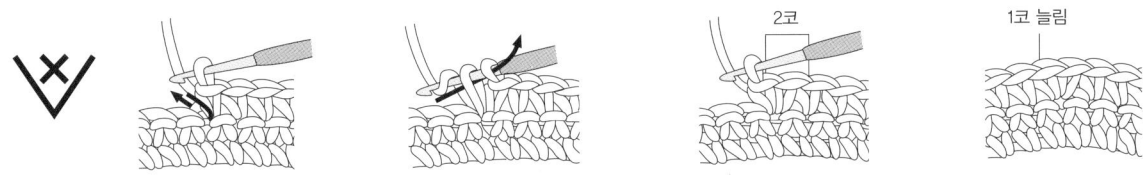

2코　　1코 늘림

짧은뜨기 2코 모아뜨기 코에 바늘을 넣고 실을 걸어 빼낸다. 다음 코에도 실을 빼낸 뒤 실을 걸어 고리 3개를 한 번에 빼낸다.

짧은뜨기 3코 모아뜨기 코에 바늘을 넣고 실을 걸어 빼내고, 다음 코와 그다음 코에서도 실을 빼낸 뒤 실을 걸어 4개 고리를 한 번에 빼낸다.

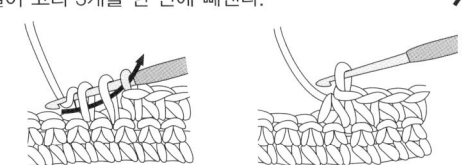

긴뜨기 바늘에 실을 걸어 위쪽 반코에 바늘을 넣어 실을 빼낸 뒤, 다시 실을 걸어 3개 고리를 한 번에 빼낸다.

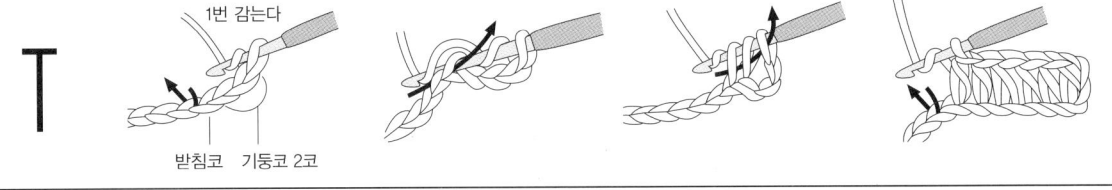

1번 감는다

받침코　기둥코 2코

한길긴뜨기 바늘에 실을 걸어 위쪽 반코에 바늘을 넣어 실을 빼낸 뒤, 다시 실을 걸어 2개 고리를 2번에 빼낸다.

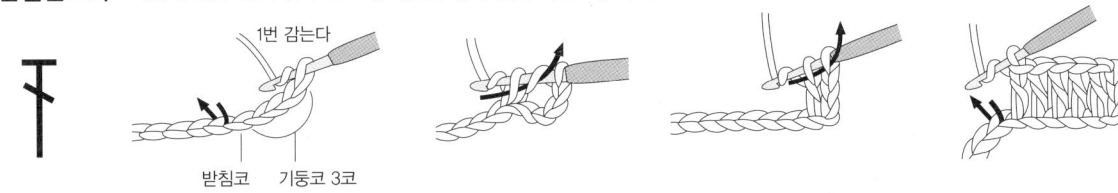

1번 감는다

받침코　기둥코 3코

한길긴뜨기 2코 모아뜨기

2개 코에 미완성 한길긴뜨기를 2코 뜨고, 실을 걸어 3개 고리를 한 번에 빼낸다.

  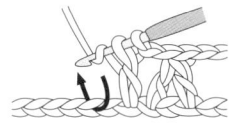 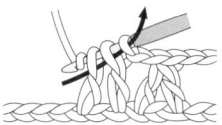

 한길긴뜨기 3코 모아뜨기

3개 코에 미완성 한길긴뜨기를 3코 뜨고, 실을 걸어 4개 고리를 한 번에 빼낸다.

두길긴뜨기

바늘에 실을 2번 감아 아래 단의 코에 바늘을 넣어 실을 빼낸 뒤, 다시 실을 걸어 고리를 2개씩 3번에 빼낸다.

  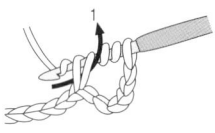  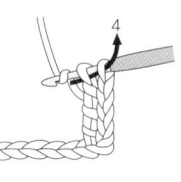 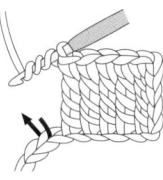

세길긴뜨기

바늘에 3번 감아 아래 단의 코에 바늘을 넣어 실을 빼낸 뒤, 다시 실을 걸어 고리를 2개씩 4번에 빼낸다.

한길긴뜨기 3코 구슬뜨기

같은 코에 미완성 한길긴뜨기를 3코 뜨고, 실을 걸어 4개 고리를 한 번에 빼낸다.

 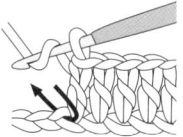 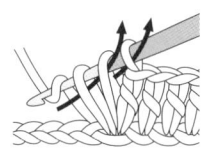 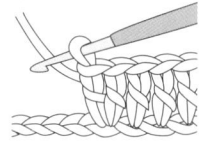

한길긴뜨기 2코 늘려뜨기

한길긴뜨기를 1코 뜨고, 같은 코에 한길긴뜨기를 1코 더 뜬다.

 **한길긴뜨기 3코 늘려뜨기**

한길긴뜨기를 1코 뜨고, 같은 코에 한길긴뜨기를 1코 더 뜬다. 다시 한길긴뜨기를 1코 더 뜬다.

한길긴뜨기 역 Y자 뜨기

바늘에 실을 2번 감아, 처음 코에 바늘을 넣어 실을 빼낸 뒤 실을 걸어 고리 2개를 빼낸다. 다시 실을 걸어 다음 코에 바늘을 넣어 실을 빼내고, 실을 걸어 고리 2개씩 빼뜨기를 4번 반복.

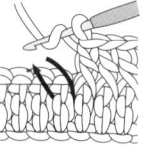 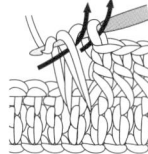 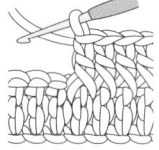

한길긴뜨기 겉 끌어올려뜨기

아래 단의 코 다리를 앞에서 주워 한길긴뜨기를 뜬다.

사슬 잇기

뜨기 끝내기 코의 실을 빼내, 돗바늘로 뜨기 시작코에 꿴다. 뜨기 끝내기 코로 다시 넣은 뒤 뒤에서 실 처리를 한다.

작품 제작

• Inko Kotoriyama

• Yuki Takagiwa

• Mie Takechi

• blanco

• Miya

• Rikoribbon

옮긴이 혜원

대학에서 일본어 및 일본 문학을 전공했으며, 다양한 일본어 책을 소개하고 번역하는 일을 하고 있다. 옮긴 책으로는 《에코안다리아로 뜨는 여름 손뜨개 모자》, 《고양이 언어도 통역이 되나옹?》, 《듣기는 어떻게 삶의 무기가 되는가》, 《유감스러운 생물, 수컷》, 《세상에서 가장 친절한 대바늘뜨기 교과서》, 《세상에서 가장 친절한 코바늘뜨기 교과서》, 《세상에서 가장 쉬운 재봉틀 교과서》, 《여름 손뜨개》, 《겨울 손뜨개》 등이 있다.

코튼과 리넨 실로 만드는 코바늘 손뜨개 작품 33
여름 실로 뜨는 네트 백

초판 1쇄 발행 2022년 5월 20일

지은이 세이분도신코사
옮긴이 혜원
펴낸이 명혜정
펴낸곳 도서출판 이아소
디자인 레프트로드
교 열 정수완

등록번호 제311-2004-00014호
등록일자 2004년 4월 22일
주소 04002 서울시 마포구 월드컵북로5나길 18 1012호
전화 (02)337-0446 **팩스** (02)337-0402

책값은 뒤표지에 있습니다.
ISBN 979-11-87113-53-9 13590

도서출판 이아소는 독자 여러분의 의견을 소중하게 생각합니다.
E-mail: iasobook@gmail.com